하룻밤에 읽는 일본사

하룻밤에 읽는 일본사

가와이 아쓰시 지음 | 원지연 옮김

RHK
알에이치코리아

역사는 원래 재미있는 학문이다. 역사에는 인류의 지혜가 있고 인생의 교훈이 담겨 있다. 눈물도 웃음도 그 속에 있다. 그러나 대다수 사람에게 역사는 재미가 없다. 대학 입시를 위한 '암기 과목'에 불과하다. 그 이유는 역사가 원래 가지고 있는 재미있는 부분, 예를 들면 사람과 사람의 관계와 시대 배경, 사건의 필연과 우연 같은 중요한 문제가 충분히 이해되지 못하기 때문이다.

고등학교에서 역사를 가르치는 나조차도 교과서에 나오는 단조로운 사실의 끝없는 나열에는 질린다. 어쨌든 대학 입시를 위해서는 교과서를 전부 외워야 하는 것이 현실이다. 그래서 나는 내 수업을 듣는 학생들에게 제한된 시간에 가능한 한 많은 지식을 주입하려 노력해 왔다. 그러나 이런 수업이 학생들로 하여금 더욱더 역사에서 멀어지게 할 뿐이라는 사실을 깨달았다.

나는 지금까지의 수업 방법을 완전히 버리기로 마음먹었다. 교과서라는 골방에 갇혀버린 위대한 인물이나 극적인 사건에서 인생에

도움이 될 만한 점만 추출하고 일화를 곁들여 살아 있는 역사를 가르쳤다. 효과는 매우 컸다. 많은 학생이 역사에 흥미를 가지고 스스로 일본사를 공부하려는 의욕을 보였다.

사실 이 책도 수업 시간에 얻은 이런 경험을 바탕으로 썼다. 이 책의 목표는 '흐름'으로 역사의 재미를 느끼게 하는 것이다. 예를 들면 메이지유신이라는 사건 하나만 해도 교과서만 읽어서는 왜 그런 상황이 발생했는지, 왜 에도 바쿠후는 그토록 무력했는지가 충분히 전달되지 않는다. 이는 역사를 관통하는 커다란 흐름이 교과서의 장이나 절 곳곳에서 끊기기 때문이다.

이 책은 바로 그 흐름이 끊기지 않도록 일본 역사를 연속적으로 파악할 수 있게 만들었다. 하나의 이야기가 두세 쪽을 넘지 않도록 했으며, 일화를 곁들이고 그림을 넣어 독자가 역사의 흐름을 가능한 한 재미있게 통으로 이해할 수 있게 했다.

아무 페이지나 펼쳐 읽어도 좋다. 교과서와는 또 다른 역사의 고동 소리가 들려오고 일본에 대한 시각이 단번에 바뀌는 것을 느낄 수 있을 것이다. 어쨌든 역사가 재미있다는 사실 하나만이라도 독자에게 전달된다면 더 바랄 것이 없다.

마지막으로 1년 반이라는 긴 시간 이 책을 편집해 준 일본실업출판사 편집부에 심심한 감사의 뜻을 표한다.

도쿄 고토구에서
가와이 아쓰시

3장 무사가 주도하는 시대
가마쿠라 바쿠후 탄생에서 무로마치 시대까지

4장 일본의 통일과 태평 시대

전국 시대를 거쳐 에도 바쿠후로

5장 근대화하는 일본
메이지유신에서 태평양전쟁으로

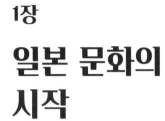

1장

일본 문화의
시작

조몬 시대에서
야요이 시대로

원시 시대 10대 사건

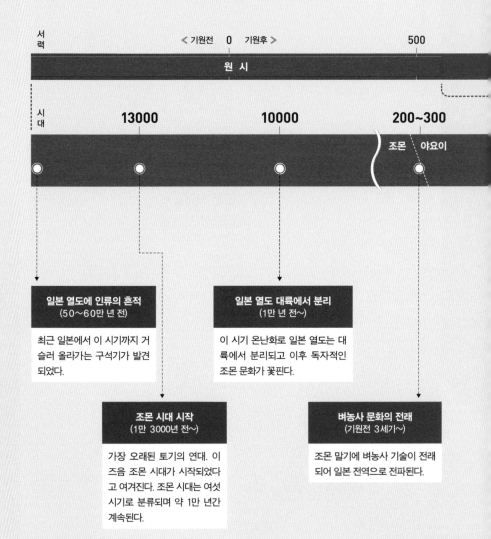

서력

≪ 기원전   0   기원후 ≫   500

원 시

시대

13000   10000   200~300

조몬   야요이

일본 열도에 인류의 흔적
(50~60만 년 전)

최근 일본에서 이 시기까지 거
슬러 올라가는 구석기가 발견
되었다.

일본 열도 대륙에서 분리
(1만 년 전~)

이 시기 온난화로 일본 열도는 대
륙에서 분리되고 이후 독자적인
조몬 문화가 꽃핀다.

조몬 시대 시작
(1만 3000년 전~)

가장 오래된 토기의 연대. 이
즈음 조몬 시대가 시작되었다
고 여겨진다. 조몬 시대는 여섯
시기로 분류되며 약 1만 년간
계속된다.

벼농사 문화의 전래
(기원전 3세기~)

조몬 말기에 벼농사 기술이 전래
되어 일본 전역으로 전파된다.

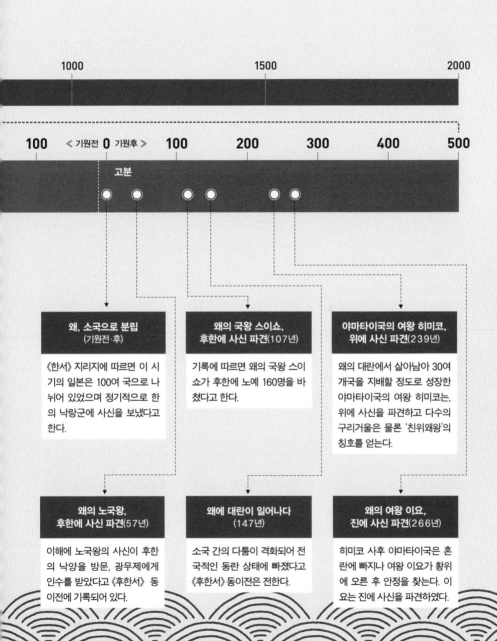

1000   1500   2000

100   ≪ 기원전   0   기원후 ≫   100   200   300   400   500

고분

왜, 소국으로 분립
(기원전·후)

《한서》 지리지에 따르면 이 시기의 일본은 100여 국으로 나뉘어 있었으며 정기적으로 한의 낙랑군에 사신을 보냈다고 한다.

왜의 국왕 스이쇼, 후한에 사신 파견(107년)

기록에 따르면 왜의 국왕 스이쇼가 후한에 노예 160명을 바쳤다고 한다.

야마타이국의 여왕 히미코, 위에 사신 파견(239년)

왜의 대란에서 살아남아 30여 개국을 지배할 정도로 성장한 야마타이국의 여왕 히미코는, 위에 사신을 파견하고 다수의 구리거울은 물론 '친위왜왕'의 칭호를 얻는다.

왜의 노국왕, 후한에 사신 파견(57년)

이해에 노국왕의 사신이 후한의 낙양을 방문, 광무제에게 인수를 받았다고 《후한서》 동이전에 기록되어 있다.

왜에 대란이 일어나다
(147년)

소국 간의 다툼이 격화되어 전국적인 동란 상태에 빠졌다고 《후한서》 동이전은 전한다.

왜의 여왕 이요, 진에 사신 파견(266년)

히미코 사후 야마타이국은 혼란에 빠지나 여왕 이요가 황위에 오른 후 안정을 찾는다. 이요는 진에 사신을 파견하였다.

문명이 싹트고
국가가 탄생하다

1만 년 이상 평화를 누린
조몬 시대

일본에서 동굴이나 땅굴을 전전하는 수렵 중심의 생활은 수십만 년 동안 계속되었다. 1만 몇천 년 전에는, 토기가 제작되면서 식량을 저장하고 재료를 익혀 먹었다. 나아가 수렵 도구가 개량되자 사냥감을 잡을 확률이 높아져 생활은 비약적으로 풍요로워졌다. 사람들은 수혈竪穴식 주거에 정착하고 마을을 형성했다. 이것이 조몬繩文 사회의 성립이다. 조몬 시대는 약 1만 년간 계속되었는데, 사람들이 무기를 들고 서로 죽이는 전쟁이 없는 한가

롭고 평화로운 시대였다.

벼농사가
전쟁을 부르다

　　이처럼 안정된 생활을 붕괴시킨 것이 조몬 말기에 도입된 벼농사 기술이다. 벼농사는 일본 사회를 근본적으로 변화시켰다. 좋은 땅을 확보한 사람과 그렇지 못한 사람, 경작 기술이 있는 사람과 그렇지 못한 사람 사이에 빈부 격차가 생기고, 다른 사람의 수확물이나 토지, 부, 노동력을 빼앗으려는 인간이 나타났다. 이리하여 전쟁이 시작되고 승리자는 지배자가, 패배자는 노예가 되었다. 야요이彌生 시대가 시작된 것이다.

엄연한
빈부 격차

　　중국 역사책에 야요이 초기 일본은 작은 나라로 나뉘어 극심한 전쟁을 벌였다는 기록이 있다. 그들은 전쟁으로 날을 지새우고 중국에 사신을 보내 중국의 정치적 권위를 빌려 전쟁을 유리하게 이끌고자 했다.

　3세기에 접어들면서 일본 열도에 있는 작은 나라들은 멸망과 통합을 거듭하며 정리되었다. 그중 30여 나라를 지배한 야마타이邪馬

臺국이 가장 큰 나라였다. 여왕 히미코卑彌呼가 지배한 야마타이국에 대해서는 《위지魏志》 왜인전倭人傳에 자세히 쓰여 있다. 야마타이국은 신분 차이가 명확했다. 평민이 길을 가다 지배자와 마주치면 곧 길 옆으로 비켜 무릎을 꿇고 엎드려 절을 했다. 그 옛날 서로 협력해 먹이를 쫓고 사이좋게 고기를 나누던 조몬인의 소박한 모습은 완전히 사라졌다.

일본인은
대륙에서 건너왔나?

수십만 년 전: 일본인의 기원

일본인은
처음부터 혼혈이었다?

일본인의 선조는 언제 어디에서 왔을까? 여기에 대한 연구는 많지만 확실한 정설은 없다. 무엇보다 일본 열도에 사람이 언제부터 살았는가 하는 것이 문제다. 35만 년 전 지층에서 발견된 구석기에서 확실한 생활의 흔적이 보인다. 최근에는 야마카타山形현에서 50만~60만 년 전 것으로 추정되는 석기가 출토되었으니 일본인의 기원은 더 거슬러 올라갈 여지가 있다. 그러나 석기를 사용한 사람들은 원인原人으로 불리는 종으로 일본인의 직접적 조상인 신인新人은 아니다. 신인이 출현한 것은 3만~4만 년 전이다.

현 일본인은 인종적으로는 고古몽골로이드에 속한다. 아직 일본 열도가 대륙이나 동남아시아와 연결되어 있던 홍적세(200만~1만 년 전)에 한반도와 화남 지역, 인도차이나반도나 타이완, 연해주나 시베리아 등에서 일본으로 이주해 피가 섞이면서 형성된 것이 일본인의 원형(조몬인)이라고 할 수 있다.

야요이 시대에 접어들면서 한반도에서 건너온 다수의 이주자가 조몬인을 변방으로 몰아내고 주류가 되었다. 그래서 열도는 옛날부터 살던 조몬인과 새로운 야요이인이 공존하는 이중구조 사회가 되었다는 것이 현재 유력한 설이다. 즉 현대 일본인은 조몬인과 야요이인의 혼혈이라고 볼 수 있다.

남미의 원주민과 선조가 같다?

골격이나 혈액형 분포, 벼농사나 문화, 신화나 언어를 비교해 조사하는 종래의 방법론에 더하여, 근래에는 진보된 기술의 힘을 빌려 일본인의 선조를 추적하려는 시도가 있다. 도쿄대학교 의과대학 주몬지 다케오 교수는 1989년에 HLAhuman leucocyte antigen라 불리는 백혈구에 일본인 특유의 배열이 있다는 점에 착안해, 주변 각국에서 동종 배열의 비율을 조사함으로써 일본인의 도래 경로를 밝혀냈다. 그 경로는 종래의 주장과 거의 일치한다.

아이치愛知현 암 센터 다지마 가즈오 역학부장도 1993년 백혈병 바이러스에서 남미 원주민과 일본인이 먼 조상을 공유한다는 사실을 확인했다. 더욱이 1996년 국립유전학연구소 연구 팀은 모계 추적이 가능한 미토콘드리아 유전자를 293명(일본인, 오키나와인, 아이누인, 한국인, 타이완계 중국인)에게 채취해 일본인 유전자군의 65퍼센트가 야요이 시대 이후 대륙에서 한반도를 거쳐 건너왔다고 판정했다. 어쨌든 이러한 기술의 진보로 일본인의 조상이 판명될 날도 그리 멀지 않았다.

기나긴 조몬 시대,
정착이 시작되다

1만 3,000년~2,300년 전: 조몬인의 생활

조몬 시대는
여섯 시기로 나뉜다

조몬 시대는 토기 형태의 변화를 기준으로 초창기·조기·전기·중기·후기·만기 여섯 시기로 나뉜다. 토기는 지금부터 1만 3,000년 전에 처음 출현했다. 기후가 한랭해 사람들은 추위를 피하려고 동굴이나 바위 그늘 등에 살며 수렵 중심의 생활을 했다. 이 시기를 조몬 시대로 인정하지 않고 구석기 시대라고 하는 학자들도 있다.

대규모
집단 취락의 출현

조몬 조기 사람들은 평지에 수혈식 주거를 세우고, 10명 내외로 무리 지어 집단생활을 시작한다. 고기잡이가 발전하고 지금의 쓰레기장인 조개무지가 출현한다.

전기에는 들깨나 박, 옻 같은 식물을 재배하며 통나무배를 타고 근해까지 나가는 오키아이 어업이 시작된다. 집 안에 화로가 생기고, 토기는 바닥에 놓거나 가열하기 쉽게 모양이 평평해진다. 식기로만 쓰이는 넓적한 토기도 등장한다. 이때부터 토기가 활발히 제작되고 정착 생활도 더욱 진전된다.

중기의 특징은 취락의 형태가 바뀌었다는 것이다. 중심에 광장을 두는 고리 모양의 집단 취락이 다수 출현했는데, 규모가 1,000호를 넘는 곳도 나타난다. 또 돌을 고리 모양으로 배열하는 배석유구配石遺構가 등장했는데, 이는 묘지로 추정된다. 사람이 살기 좋은 환경이었는지 이 시기에(특히 동일본에서) 인구가 급격히 늘었다. 화염토기로 알 수 있듯이 토기는 형상이 다양하며 예술성마저 느껴진다.

이때 이미
빈부 격차가 나타났다?

후기에 접어들면 조몬인은 더 낮은 지대에서 주거하기 시작한다. 이는 원초적 농업, 벼농사 도입과 관계가

있을 것이다. 이 시기 이후의 칠기, 광주리, 빗 같은 화려한 장신구
가 많이 출토된다.

만기에 제작된 농기구가 많이 출토되는데, 이로부터 농경이 상당
히 광범위했음을 알 수 있다. 시체 매장 형태로 볼 때 빈부 차이도
확실히 자리 잡았다는 것을 알 수 있다. 이미 야요이 시대로 넘어가
기 시작한 것이다.

토우는 깨기 위해
만들었다!

8,000년 전: 토우의 용도

**토우는 대부분
여성의 모습이다**

토우土偶는 조몬 시대에 만들어진 토제
인형이다. 지금까지 1만 5,000점 넘게 출토되었지만 쓰임새에 관해
서는 정설이 없는 불가사의한 존재다. 토우는 조몬 조기에 처음으로
출현한다. 초기에는 수평으로 팔을 벌리고 다리를 모으고 있는 편평
십자형扁平十字型이 많았는데, 지방에 따라 점차 다양한 모습으로 변
화했다. 일본 동부에서 압도적으로 많이 출토되었으며 조몬 만기에
는 도호쿠東北 지방이 중심이 된다. 특히 차광기형遮光器型 토기는 현

대의 전위예술품 같은 느낌마저 든다.

토우는 대부분 여성의 모습이며, 특히 임부 형태가 많다. 이를 근거로 조몬인은 여성을 생명을 만드는 신비로운 힘을 지닌 존재로 여겨 흙으로 그 모습을 본떠 풍년을 빌었다는 설이 있다.

토우가 산산조각 난 이유는?

그런데 토우는 대부분 원형대로 출토되지 않는다. 손, 발, 얼굴, 배 등 어디인가는 누군가가 일부러 깨놓았다. 더구나 깨진 부분이 몸통과 함께 나오는 것도 아니다. 또 각 부분이 일부러 깨지기 쉽게 만들어진 토우도 많고, 처음부터 신체 일부를 만들지 않은 것도 있다. 다시 말해 깨려고 토우를 만들었다고 보는 것이 정확하다.

왜 그랬을까? 그 이유를 둘러싸고 세 가지 학설이 있다. 하나는 '질병 치유설'이고, 또 하나는 저주를 위한 '인형설'이며, 세 번째가 '풍요 기원설'이다. 병이나 부상에서 빨리 회복하기 위해 자신을 대신해 토우의 환부를 잘라 재생을 바랐다는 것이 질병 치유설의 해석이다. 이와 반대로 인형설은 증오하는 상대의 불행을 기원하며 그 대신 토우를 손상시켰다는 해석이다.

세 번째인 풍요 기원설은 다음과 같다. 《고사기古事記》에 등장하는 오게쓰히메는 스사노오의 노여움을 사서 죽는데 그 주검에서 벼,

보리 같은 곡식과 누에가 태어났다고 한다. 《일본서기日本書紀》에도 죽임을 당한 여신 우케모치의 주검에서 작물이 자랐다는 신화가 있다. 즉 조몬인은 여신 대신 토우를 파괴함으로써 작물의 풍작을 기원했다는 것이다. 덧붙이면 조몬 시대 조기에 이미 식물이 재배되고 있었다.

다른 설도 있다. 토우 중에는 돌로 둘러싸인 채 말끔히 매장된 것이 있는데, 이를 근거로 선조상, 정령상, 여신상 등 숭배 대상으로 삼아왔다고 하는 '숭배 대상설'이다. 토우의 기능은 한 가지가 아니라고 주장하는 학자도 있다. 어쨌든 토우는 알쏭달쏭한 존재다.

　　　　　　　　　　　　1장 일본 문화의 시작

조몬인은 미식가?

1만 3,000년~약 2,300년 전:
조몬 시대의 식생활

**조몬인은 호두, 밤,
도토리를 좋아했다?**

조몬인은 주로 수렵과 어로, 채취로 식량을 얻었는데 전기에 벌써 원초적 형태의 농경을 했다는 것이 근대에 판명되었다. 조개무지(쓰레기장)를 분석한 결과 조몬인은 계절마다 다채로운 음식물을 섭취했으며, 지역에 따라 차이가 상당했던 것으로 나타났다.

조몬인이 즐겨 먹은 주식은 나무 열매와 감자 등 식물성으로, 전체 섭취 칼로리의 80퍼센트 이상을 차지한다. 특히 호두, 밤, 도토리가 압도적으로 많았다. 도토리는 쓴맛을 빼지 않으면 먹을 수 없는데 당시 가열 처리와 물에 담가두어 쓴맛을 빼는 기술이 발달했던 것을 알 수 있다. 식량의 보존 기술도 진전했다. 구멍을 파고 나무 열매를 대량으로 보존했으며, 말린 음식과 염장 식품도 있었던 듯하다.

주요리는 멧돼지 고기와 사슴 고기?

조개무지에서 출토되는 짐승 뼈의 90퍼센트가 멧돼지와 사슴인 것으로 보아 사람들이 멧돼지 고기와 사슴 고기를 즐겨 먹었다는 것을 알 수 있다. 조몬인은 사냥감을 주로 화살로 잡았던 듯하다. 화살은 조몬 시대에 출현한 수렵 도구로 이전의 창에 비해 사냥 성과를 비약적으로 증가시켰다.

한편 짐승 뼈를 분석한 결과 수렵은 겨울부터 봄까지로 한정했고 새끼는 잡지 않았다는 것을 알 수 있다. 동물을 멸종시키지 않으려고 한 것이다.

신병기 회전식 작살 등장

어업도 많이 진화해 회전식 작살이 등장했다. 이 작살은 사냥감에 명중되면 자루에서 촉이 떨어지는데 양쪽을 잇는 줄을 잡아당기면 작살 촉이 회전하며 동물의 몸속 깊이 파고들어 빠지지 않는다. 이 덕분에 큰 생선과 돌고래, 고래까지도 비교적 쉽게 잡혔다. 더욱이 통나무배를 만들게 되면서 먼 바다에도 출어가 가능하게 되었으며, 낚싯바늘과 작살 같은 고기잡이 도구가 발달해 어획량도 점차 늘었다.

주식인 밤은 조몬 전기부터 재배했을 개연성이 크다. 중기에 들어서면서 화전 농경이 시작되어 메밀, 오이, 팥, 들깨를 재배했다. 수로까지 갖춘 논은 조몬 말기에 등장했다. 벼농사가 시작되면서 사회 구조는 커다란 변혁을 겪고 야요이 시대로 접어든다.

고대인이 사용한
도구는?

1만 3,000년~약 2,000년 전: 도구의 탄생

인류 최초의 도구,
석기와 목기

인간을 동물과 구별하는 세 가지는 언어, 불, 도구다. 그만큼 도구는 인간과 인연이 깊은 존재다. 인류 최초의 도구는 석기와 목기다. 특히 석기는 만능 도구다. 처음에는 자갈을 부숴 간단히 만든 타제석기였으나 점차 가공 기술이 발달하면서 갈아 만든 마제석기가 등장한다. 석기는 화살촉이나 작살 같은 수렵 도구 외에 돌도끼는 구멍 파기, 돌 접시는 조리 도구로 사랑받았다. 야요이 시대에는 석기인 부엌칼과 돌낫 같은 농구도 사용했다.

1장 일본 문화의 시작

토기는
조몬 시대에 등장

조몬 시대에 출현한 토기는 사람들의 생활을 크게 바꿔놓았다. 토기는 음식물을 끓이고 보존하게 해주었다. 토기는 사람들의 생활을 풍요롭게 했을 뿐 아니라 정착의 계기가 되었다. 연대 측정의 기준이 되는 토기는 모양을 기준으로 조몬식과 야요이식으로 나눈다.

야요이 시대에
철기와 청동기 출현

야요이 시대에 출현한 철기와 청동기는 토기와는 비교할 수 없을 만큼 사회에 큰 영향을 끼쳤다. 철기가 경작 도구로 사용되면서 농경은 비약적으로 발전했다. 그러나 철기의 가장 주요한 쓰임새는 무기다. 철제 검이나 화살촉은 강도나 위력 면에서 석기와는 비교할 수 없어 전쟁에서 주역을 차지했으며 일본 통일에 중요한 구실을 했다.

청동기로도 동검이나 창 같은 무기가 다수 제작되었다. 그러나 청동기는 너무 물러서 무기로써 실용성은 떨어진다. 그래서 권력이나 부의 상징, 제사 기구로 쓰인 것이 아닐까 추측한다. 보물과 제구로 출토되는 탁(방울 모양의 물체)이나 거울도 대부분 청동제다.

우리에게 가장 친근한 도구로는 목기가 있다. 목기는 재료도 풍부하고 가공하기도 쉬웠다. 원시 시대에도 많이 쓰였을 텐데 썩기 때문에 출토된 사례는 드물다.

다만 드물게 공기가 차단되는 점토층이나 이탄층에서 썩지 않고 보존된 농기구나 광주리, 그릇, 빗이 발견된 일이 있다. 그릇이나 빗에는 옻칠이 선명하게 남아 있어 고급 예술품을 보는 듯하다. 원시 사람들의 예술적 감각을 엿볼 수 있다.

산나이마루야마 유적으로 바뀐 조몬의 풍경

1994년 아오모리시 교외에서 산나이마루야마三內丸山 유적이 발굴되어 조몬 문화가 떠들썩하게 각광을 받았다. 이 유적으로 약 5,500년 전부터 4,000년 전까지 1,500년간의 생활을 알 수 있다. 한 장소에서 이토록 오랜 기간 정착 생활을 한 사례는 극히 드물어 시대의 변천을 한눈에 볼 수 있다.

특히 중요한 것은 밤나무로 만든 지름 1미터의 거대한 기둥이다. 기둥 여섯 개가 세 개씩 2열로 4.2미터 간격으로 배치되어 있다. 거대 신전인지 토템인지 용도는 아직까지 모른다. 장대한 묘지 유적도 화제가 되었다. 집단 취락에서 무쓰陸奧만으로 이어지는 길 양옆으로 350미터에 이르는 무덤 행렬이 있다.

　산나이마루야마 유적 외에도 각지에서 놀랄 만한 것이 계속 발견되고 있다. 조몬인은 마로 짠 멋스러운 옷을 입고 세련된 주머니를 들고 다녔으며, 색색의 칠기나 옻칠한 빗을 사용하고 과자 같은 영양가 높은 보존식을 만들었다. 발굴 조사가 진전되면서 조몬 시대에 대한 이미지가 근본적으로 바뀌고 있다.

호류사의 건축 기법은
언제부터 있었나?

1997년 9월 도야마현 오야베시의 사쿠라마치櫻町라는 약 4,000년 전 조몬 유적에서 놀라운 물건이 출토되었다. 건축자재 중 '와타리아고渡腮仕口' 흔적을 뚜렷이 보여주는 목재가 나온 것이다.

와타리아고는 나무를 직각으로 교차할 때 나무의 양쪽에 끌로 구멍을 뚫어 서로 맞물리게 하는 건축 기법으로 현재도 목조건축에 쓰이고 있다. 지금까지 와타리아고는 6세기 불교가 전래될 때 일본에 들어왔다는 것이 정설이었다. 그리고 이 기법을 사용한 가장 오래된 건축물이 607년 창건된 호류사法隆寺다.

그런데 기법이 도입되었다고 추정하는 연대가 갑자기 4,600년도 넘게 올라가고 조몬 시대에 이미 호류사와 구조가 같은 건물이 존재했다는 사실이 밝혀졌다. 사쿠라마치 유적에서 발굴된 일련의 건축자재는 거대한 고상高床식 건물의 일부로, 기둥에 연주 무늬나 초승달 무늬가 조각되어 있는 것으로 보아 신전이었던 듯하다. 덧붙여 연구자들은 이처럼 오래된 조몬 시대 재목이 썩지 않고 남아 있는 것은 이 마을이 화산재로 봉인되어 있었기 때문이라고 추정한다.

농경 발달이
다툼을 일으켰다?

3,000년 전: 농경의 발달

**식물은
언제부터 재배했나?**

　　벼농사가 야요이 시대에 처음 시작되었
다는 것은 잘못된 정보다. 최근 조몬 시대 만기 지층에서 속속 벼농
사를 행한 흔적이 발견되고 있다. 더욱이 논은 관개시설까지 갖춘
상당히 완성된 형태다.

　조몬 만기에 출현한 벼농사(수전 농경)는 대륙에서 건너온 사람들
이 남긴 이질적 시스템이었다고 여겨진다. 불과 수십 년 사이에 일
본 전역으로 퍼질 수 있었던 것은 조몬인이 새로운 시스템을 받아

들일 여지가 충분했기 때문이다. 조몬 시대는 수렵과 채집이 중심인 사회였지만 농경도 어느 정도 자리 잡았다. 조몬 전기에는 밤이나 박 같은 먹을 것을 재배하는 원초적 농경의 흔적이 있으며, 후기에는 화전에서 팥, 수수, 보리 등을 경작했다. 이런 경위로 벼농사가 단기간에 퍼질 수 있었다.

벼농사의
전래 경로

벼농사 전래 경로는 두 가지로 보인다. 하나는 한반도를 경유하는 경로이고, 다른 하나는 중국의 강남 지방에서 직접 규슈에 도달하는 경로다. 한반도 경유가 주요 경로이겠지만 한반도에는 없는 남방계의 고상식 창고 터가 일본 유적에서 발견되는 점으로 보아 강남 경로도 결코 경시할 수 없다.

일본에 전래된 벼농사는 야요이 시대에 비약적으로 경지면적을 확대했으며, 농기구도 현격히 진보했다. 초기에는 보습이나 가래 같은 경작 도구는 나무로, 낫이나 돌칼 같은 수확 도구는 석재로 만들어 목기와 석기를 병용했다. 그러다 야요이 시대 후기에 이르면 철제로 대체되어 수확량도 늘어났다. 논도 자연의 저습지를 이용하는 습전湿田보다 인공적인 관개시설을 갖춘 건전乾田이 많아졌다.

빈부 차이가 생겨 지배자와 피지배자로 나뉘었고 각지에 작은 국가들이 생겨났다. 이전의 사회구조는 벼농사로 완전히 파괴되었다.

　　　　　　　　　　　1장 일본 문화의 시작

야요이의 우아한 생활

2,200년~1,800년 전(기원전 3세기~3세기):
야요이인의 생활

100여 개 소국이 난립한
야요이 시대

야요이 시대, 일본인은 문자가 없었기 때문에 야요이인의 생활을 전해주는 일본 기록은 없다. 그러나 다행히 이웃 나라 중국에서는 벌써 역사책을 편찬하고 있었고 그곳에 야요이 시대 일본 모습이 기록되어 있다.

반고班固가 쓴 《한서漢書》 지리지에는 기원전·후 일본이 '왜倭'라고 불리며 100여 개 소국으로 분립되어, 한나라 낙랑군에 조공을 바쳤다고 했다. 이것이 일본에 관한 신뢰할 수 있는 최초의 기록이다.

그러나 일본인의 생활과 풍속을 이 책에서 알기는 어렵다. 이를 알려면 200년 이상 지난 《위지》 왜인전을 보아야 한다. 진수陳壽가 편찬한 《위지》에는 일본에 관해 2,000자가 넘는 기술이 실려 있어 일본인의 모습을 상세히 알 수 있다.

야요이인의 의식주

《위지》 왜인전에 나타난 야요이인의 생활과 풍속을 살펴보면, 일본 남자는 모두 문신을 하고 머리를 묶어 천으로 감쌌으며 폭이 넓은 천을 교묘히 몸에 감아 옷으로 삼았다. 여자는 머리를 땋지 않고 그대로 길러 내리고 가운데에 구멍을 뚫은 천을 머리부터 덮어써서 옷으로 삼았으며 남녀 모두 맨발로 다녔다.

식생활은 쌀을 주식으로 했으며 생선과 조개를 즐겨 먹고 야채도 많이 먹었다. 당시 일본에는 소, 말, 양 같은 동물은 없었다. 그러나 상중에는 육류를 끊었다고 하는 것으로 보아 멧돼지 고기나 사슴 고기를 먹는 육식 풍습은 있었던 듯하다. 식사 때는 먹을 것을 굽 달린 그릇에 담아 젓가락을 쓰지 않고 손으로 먹었으며 그 성격이 '술을 즐긴다'는 기록으로 보아 일본인은 술을 좋아한 듯하다.

현재보다
치안이 좋았다?

　　　　　　권력자에게 순종하고 도둑질하거나 다투지 않았으며 여성을 범하는 사건도 적어 치안은 안정된 편이었다. 이는 현재와도 통하는 부분인 것 같아 흥미롭다. 혼인 제도로는 일부다처제를 취하고 부모·형제는 침실을 달리 썼다. 어떤 일을 하기 전에 짐승 뼈를 태워 길흉을 점치는 일이 많았다.

규슈냐? 야마토냐?

3세기 중반: 야마타이국 논쟁

| 도쿄대학교의 규슈설 대
| 교토대학교의 야마토설

　　　　　　　　야마타이국은 과연 어디에 있었는가?
야마타이국 역사 논쟁 중 이토록 장기간에 걸쳐 논쟁 대상이 되면
서도 끝을 보지 못한 사례는 드물다. 이 문제가 오랜 기간에 걸쳐 해
결되지 않은 것은 야마타이국을 언급한 유일한 중국 역사서《위지》
왜인전에 1차 책임이 있다. 대륙에서 야마타이국에 이르는 경로를
아주 애매하게 기술했기 때문이다.

　기록된 방향과 거리를 그대로 따라간다면 야마타이국은 일본 열

도를 지나 남태평양에 있었다고 보아야 한다. 그래서 야마타이국=하와이설, 자바·수마트라설, 오키나와설까지 나오는데 역시 일본 열도 안에 존재했다고 보는 것이 타당하다.

《일본서기》가 히미코를 신공 황후로 상정한 이후 야마타이국=야마토 조정으로 받아들여져 소재지도 야마토大和(현재의 나라현)가 당연시되었다. 이에 이의를 제기한 사람이 에도 시대 아라이 하쿠세키新井白石와 모토오리 노리나가本居宣長다. 그들은 야마타이국=규슈설을 주장했다.

야마토설과 규슈설은 후세까지 이어져 야마타이국 논쟁으로 발전해 메이지 사학회를 뒤흔들었다. 논쟁은 교토대학교 나이토 고지로內藤虎次郎 교수가 야마토설을, 도쿄대학교 시라도리 고키치白鳥庫吉 교수가 규슈설을 발표함으로써 더욱 격화되었다. 이후 주로 교토대학교 측 학자가 야마토설을, 도쿄대학교 측 학자가 규슈설을 옹호하고 보강하는 형태로 논쟁이 계속되고 있다.

야마토설을 요약하면, 이 지역에서 위 시대의 구리거울이 다수 발견된다는 점, 언어학적으로 야마토와 야마타이가 같은 계열의 음운이라는 점, 왜인전에 기술된 여정이 야마토까지의 거리와 일치한다는 점이다. 방향이 다르다는 게 약점인데, 야마토설을 주장하는 자들은 이를 합리적으로 설명하기 위해 열심이다.

신화 속 원시 일본은?

신들의 전쟁: 일본의 신화

　　　　　　머나먼 옛날부터 사람들의 입에서 입으로 전해 내려온 일본 탄생과 신들의 이야기가 있다. 우리는 《고사기》와 《일본서기》로 그 장대한 신화를 알 수 있었다. 서로 다른 점도 있지만 두 책의 내용을 종합해 보면 일본 신화는 대략 다음과 같은 내용이다.

　모든 것이 혼돈스러웠다. 그 속에서 음과 양이 나뉘고 하늘과 땅이 되었다. 그리고 천상계의 다카마가하라高天原에 세 신이 출현해 이자나기와 이자나미라는 남매 신을 낳았다. 남매가 결혼해 새로운 섬을 늘려갔다. 도요아시하라미즈호노쿠니豊葦原瑞穗國(현재의 일본 열도)가 바로 그들이다. 그 후 둘은 아마테라스(태양), 쓰쿠요미(달, 역법), 스사노오(전투의 신) 등의 신들을 차례로 낳고, 마지막으로 이자나미는 불의 신을 낳다가 그 불에 몸을 상해 죽고 만다.

이자나기는 슬픔에 빠져 황천까지 이자나미를 찾으러 가지만 그곳에서 두렵게 변한 이자나미 모습에 놀라 도망 나온다. 그 후 이자나기는 아마테라스에게 다카마가하라의 지배를 넘긴다. 그런데 스사노오가 천상계에서 악행을 거듭하자 분노한 아마테라스는 하늘의 굴속으로 들어가 버린다. 이 때문에 세계는 밤이 계속된다. 난감해진 신들은 떠들썩하게 잔치를 벌여 아마테라스의 흥미를 끌어 굴속에서 불러낸다. 동시에 스사노오를 다카마가하라에서 추방한다.

추방된 스사노오는 도요아시하라미즈호노쿠니의 이즈모出雲에 내려와 사람들을 괴롭히는 아마타노오로치를 퇴치해 영웅이 된다.

일본은 아마테라스 자손의 나라?

이윽고 스사노오의 자손인 오쿠니누시가 지상의 지배자가 된다. 오쿠니누시는 다른 신과 협력해 정력적으로 지상 국가를 건설하려고 노력한다.

한편 천상의 아마테라스는 자손인 히노호니니기에게 신기神器를 세 개 주어 지상의 지배를 명한다. 히노호니니기는 도요아시하라미 즈호노쿠니에 내려온다. 이것이 바로 천손 강림이다. 결국 오쿠니누시는 히노호니니기에게 나라를 넘겨준다. 그 후 히노호니니기의 자손이 이곳을 지배하게 된다.

참고로 히노호니니기의 손자가 진무神武 천황이다.

지역마다 다른
무덤 형태

2,200년~1,800년 전(기원전 2~3세기):
원시의 장례식

유체는
땅에 묻는다

　　　　　　　유체는 땅에 구멍을 파고 묻었다. 이것
이 원시부터 근대에 이르기까지 일본의 공통된 장례 방법이다. 그러
나 무덤과 매장 형태는 시대와 더불어 변화를 거듭해 왔다. 유감스
럽게도 선토기 시대는 뼈가 남아 있지 않아 매장 상황을 제대로 알
수 없다. 그러나 무덤을 파고 구멍에 유체를 매장한 것만은 확실하
다. 이러한 묘를 토갱묘土坑墓라 하는데 선토기 시대에 이어 조몬 시
대 유적 거의 대부분이 이 형식을 따랐다.

유체를 구부려 묻는 방법을 굴장屈葬이라 하고 똑바로 뉘어 묻는 방법을 신전장伸展葬이라 한다. 조몬 시대에는 굴장이 압도적으로 많았다. 왜 유해를 일부러 구부렸을까? 그 이유에 관해서는 태아를 본떠 모체인 대지로 사자를 돌려보낸다든가, 사자의 부활을 두려워해서라든가 등 여러 설이 있지만 아직 정설은 없다.

다양해지는 야요이 시대 묘

야요이 시대에는 묘제가 다양해진다. 대부분은 도래인渡來人이 한반도에서 가져왔다고 여겨진다. 주요 사례만 간단히 소개한다.

옹관묘 커다란 토제 항아리 두 개를 맞추어 관으로 쓴다. 규슈 북부에서 많이 보인다.

상자식 석관묘 토갱(흙구덩이)에 석관을 상자처럼 깔아 만든 묘로 돌 대신 나무를 사용하는 경우도 있다. 목관은 부식되어 흔적만 남았다. 관에 복수의 시체가 매장되는 일도 종종 있다. 서일본에 널리 분포하고 있다.

방형 주구묘周溝墓 사각의 해자를 파서 그 중심에 묘혈을 파는 매장 시설이다. 긴키 지방에서 발생해 간토 지방과 도호쿠 지방에까지 퍼졌다.

그 밖에 조몬 시대 이래의 토갱묘가 야요이 시대에도 다수 존재하며, 옹관이나 상자식 석관의 묘 위에 거석을 세운, 지석묘라는 묘제가 기타큐슈 북부에 흩어져 있다. 백골화한 유골을 모아 항아리에 넣어 매장한 묘는 동일본에 많다.

그런데 도쿄대학교 우에다 신타로 교수 그룹은 옹관묘와 토갱묘가 혼재하는 사가佐賀현의 유적을 조사해 옹관 속 인물들과 토갱묘 집단과는 유전적 배경이 다르다는 것을 규명했다. 이를 토대로 옹관묘는 바다를 건너온 야요이인의 것이고, 토갱묘는 조몬인의 것이라는 결론을 내렸다.

이즈모에 정말
대왕조가 있었을까?

야요이 시대에만 나오는 출토품에 '동탁'이 있다. 동탁은 모양이 방울 같은데 중국과 한반도에서 발견되는 동령이 원형이다. 이것이 거대화되어 일본에 들어왔다고 볼 수 있다. 용도는 확실하지 않지만 농경 제사 때 쓰인 제사 도구라는 설이 유력하다. 큰 것은 1미터를 가볍게 넘는다. 현재까지 일본 전체에서 약 500개가 발견되었으며 대부분 단독으로 출토되었다.

그런데 1994년 10월 시마네현 가모이와쿠라의 가모이와쿠라 유적에서 39개나 되는 동탁이 한꺼번에 발견되었다. 연대는 야요이 중기부터 후기까지 수백 년에 걸쳐 있다. 처음에는 기나이(간사이)

지역의 것과 동일한 주형으로 만든 형제 동탁이 몇 개 있어 기나이에서 만들어 가모이와쿠라로 운반되었다는 설이 유력했다. 그러나 와카야마시의 동탁과 형제인 것도 네 개나 있을 뿐만 아니라 무늬가 독창적인 동탁이 발견되면서 오히려 이 지역에서 만들어 전국으로 배포했을 여지도 있다고 본다.

십몇 년 전 가모이와쿠라 유적에서 십몇 킬로미터 떨어진 고진타니荒神谷 유적에서 동검 358개가 출토되었다. 옛날부터 시마네현에는 기나이나 규슈에 필적하는 거대 세력 이즈모 왕조가 있었다고 전해졌는데 요즘에 와서야 그 존재가 떠오르고 있다. 이것이 야마타이국 논쟁에 영향을 줄 수도 있다.

2장

율령국가의 탄생

야마토 정권에서
나라·헤이안 시대로

고대 10대 사건

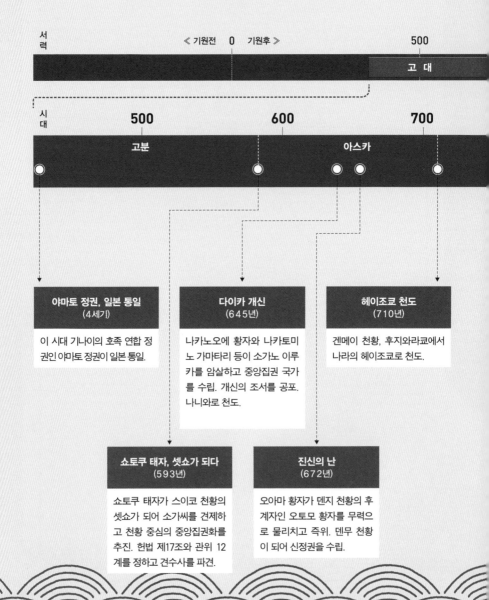

서력	≪ 기원전	0	기원후 ≫		500
					고 대

시대	500	600	700
	고분		아스카

야마토 정권, 일본 통일
(4세기)

이 시대 기나이의 호족 연합 정권인 야마토 정권이 일본 통일.

다이카 개신
(645년)

나카노오에 황자와 나카토미노 가마타리 등이 소가노 이루카를 암살하고 중앙집권 국가를 수립. 개신의 조서를 공포. 나니와로 천도.

헤이조쿄 천도
(710년)

겐메이 천황, 후지와라쿄에서 나라의 헤이조쿄로 천도.

쇼토쿠 태자, 셋쇼가 되다
(593년)

쇼토쿠 태자가 스이코 천황의 셋쇼가 되어 소가씨를 견제하고 천황 중심의 중앙집권화를 추진. 헌법 제17조와 관위 12계를 정하고 견수사를 파견.

진신의 난
(672년)

오아마 황자가 덴지 천황의 후계자인 오토모 황자를 무력으로 물리치고 즉위. 덴무 천황이 되어 신정권을 수립.

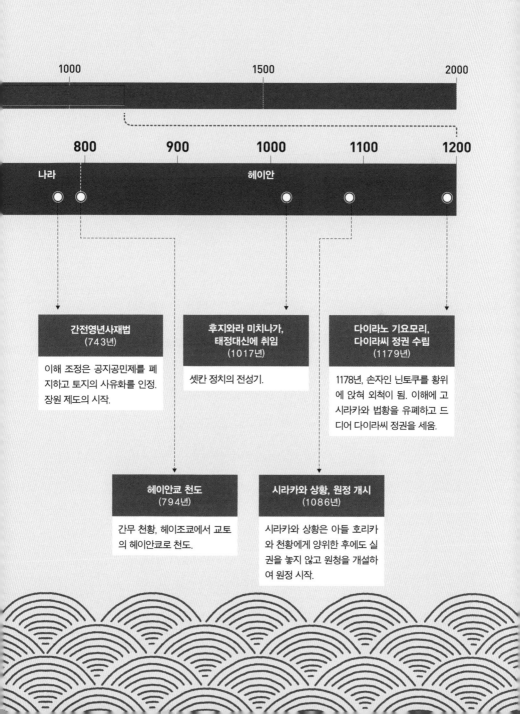

1000	1500	2000

800	900	1000	1100	1200

나라   헤이안

간전영년사재법
(743년)

이해 조정은 공지공민제를 폐지하고 토지의 사유화를 인정. 장원 제도의 시작.

후지와라 미치나가,
태정대신에 취임
(1017년)

셋칸 정치의 전성기.

다이라노 기요모리,
다이라씨 정권 수립
(1179년)

1178년, 손자인 닌토쿠를 황위에 앉혀 외척이 됨. 이해에 고시라카와 법황을 유폐하고 드디어 다이라씨 정권을 세움.

헤이안쿄 천도
(794년)

간무 천황, 헤이조쿄에서 교토의 헤이안쿄로 천도.

시라카와 상황, 원정 개시
(1086년)

시라카와 상황은 아들 호리카와 천황에게 양위한 후에도 실권을 놓지 않고 원청을 개설하여 원정 시작.

통일국가의 등장과
권력투쟁

불교,
고대를 이해하는 열쇠

　　　　　　　　고대를 한마디로 말하면 야마토 정권이라는 통일국가가 일본 열도에 탄생해 번성기를 맞은 뒤 쇠퇴해 간 시기라 할 수 있다. 이 시대를 '불교'라는 틀로 보면 의외로 간단히 정리된다. 538년(552년이라는 설도 있다) 야마토 정권은 불교를 공인한다. 앞으로 자세히 살펴보겠지만, 불교 수용은 그 부대 시스템인 중앙집권제를 받아들인 것을 의미한다. 쇼토쿠 태자가 그토록 불법을 장려한 것은 천황을 중심으로 한 국가를 세우기 위해서였다.

중앙집권에 성공한 나라 시대에 불교는 국가를 수호하는 진호국가鎭護國家의 종교로 국교가 되고 승려의 지위는 비약적으로 높아진다. 그러나 점차 승려는 정치가와 유착하고 마침내 황위를 노리는 도쿄道鏡 같은 인물이 나타나 정치를 혼란스럽게 한다.

고대의 막을 내린 무사

794년 간무桓武 천황은 부패한 불교 세력과 단절하려고 헤이안쿄平安京로 천도를 강행한다. 승려를 정치에서 배제하고 천황 친정을 시작하면서 구카이空海와 사이초最澄를 중용해 불교를 쇄신한다. 이들은 당나라로부터 현세의 이익을 중시하는 밀교라는 새로운 사조를 받아들인다.

그 후 밀교를 대신해 극락정토를 희구하는 아미타 신앙이 유행한다. '섭관攝關 정치'의 전성기를 누린 후지와라노 미치나가藤原道長도 아미타불이 늘어뜨린 실을 쥐고 죽었다고 한다.

상황上皇인 시라카와白河, 도바鳥羽, 고시라카와後白河는 불교를 독실하게 믿어 불교 성지를 몇 번이나 참배하고 결국 출가해 법황이 된다. 이것이 바로 승려가 무장화(승병)하는 계기가 된 '원정院政'의 시대다. 이들은 상황의 신앙심을 빌미로 무리한 주장을 내걸고 도성에 난입한다. 상황의 권력은 절대적이었으나 불벌佛罰이 두려워 대개 요구를 받아들이는 형편이었다.

그러나 신도 부처도 전혀 두려워하지 않는 자들이 역사에 등장한다. 무사武士가 바로 그들이다. 무사는 아무렇지도 않게 승려를 살해하고 사원에 불을 지른다. 이러한 계층이 등장하면서 불교에 속박되었던 고대는 막을 내리고 무사를 주인공으로 하는 중세가 시작된다.

　고대 불교는 귀족이 독점했으나 중세에 들어가면 가마쿠라鎌倉 불교가 등장하면서 서민에게도 점차 문호가 열렸다.

고분이 전해주는
시대 변화

3세기 말~7세기 전반: 고분의 의미

**고분과
야마토 정권의 성립**

　　　　　　3세기 말 언덕이 높고 호가 깊은 '고분'
이라는 분묘가 기나이부터 세토 내해에 걸쳐 출현했고, 4세기부터
는 더 거대해지며 전국으로 퍼져갔다. 고분은 야요이 시대 같은 지
역색은 보이지 않지만 획일적이고 전국적으로 공통된 모습을 하고
있다. 고분에 매장된 사람은 호족의 수장이다. 후계자가 죽은 수장
의 영혼을 받들 목적으로 고분을 축조했는데, 고분을 완성해야 비로
소 정식으로 새 수장으로 인정받는 상징적 의미도 있었던 듯하다.

　　　　　　　　　　　　　　2장 율령국가의 탄생

고분은 야마토 정권이 성립되었다는 증거이기도 하다. 서로 다른 지역에서 공통의 묘제가 보이는 것은 어떠한 연결이 있기 때문이다. 즉 기나이에서 세토 내해에 걸친 정치 연합이 존재했다고 보는 것이 가장 타당하다. 덧붙이면 연합이 성립된 배경으로는 한반도에서 선진 기술과 물품을 들여오기 위해 안전한 교통로가 필요했기 때문이라는 설이 유력하다. 고분은 4세기 중엽까지 전국으로 확산된다.

권력자의 묘에서
유력 농민의 묘로

3세기 후반부터 7세기 전반까지를 고분 시대라 하는데 고분의 변천에 따라 전기, 중기, 후기로 나눈다. 이 시기의 특징을 몇 가지 소개한다.

전기에는 부장품으로 구리거울이나 옥이 나왔다는 점에서 매장자가 사제의 성격을 지녔다고 볼 수 있다. 그러나 야마토 정권이 무력으로 통일하는 과정에서 부장품은 무구와 마구로 바뀐다. 매장자가 군사적 통솔자로 변해갔음을 알 수 있다.

고분 시대 후기에 해당되는 6세기에 접어들면서 고분의 성격은 근본적으로 변한다. 유력 농민까지 고분을 만들기 시작해 고분 숫자가 비약적으로 늘어난다. '군집분'이라 불리는 좁은 범위에 소고분이 수백 개 만들어진 사례도 드물지 않다. 예를 들어 와카야마시 이와세센즈카岩橋千塚에는 소고분이 약 600개가 몰려 있다. 또 전기와 중기의 매장 시설은 '수혈식 석실'로, 커다란 구멍이 뚫린 네 벽을 돌과 점토로 메워 목관을 안치했다. 그러나 후기에 들어서면 출입구를 만들어 다음에도 사람을 묻을 수 있도록 한 '횡혈식 석실'이 일반화된다. 가족 합장묘의 경향도 더욱 강화된다. 고분은 화장이 보급되면서 쇠퇴해 7세기 후반에는 거의 찾아보기 어렵다.

귀족적 불교문화에서
일본 독자 문화로

7세기~11세기 후반: 고대 문화의 특징

고대 문화의
키워드는 '불교'

　　　　　　　　　고대 문화는 통상 여섯 종류로 나뉜다
(고분 문화 제외). 아스카 문화는 7세기 전반에 개화한 일본 최초의
불교문화다. 대표 작품은 대부분 호류사에 있는데 석가삼존상, 백제
관음상, 다마무시즈시玉蟲廚子가 특히 유명하다. 또 주구사中宮寺나
고류사廣隆寺 반가사유상의 고졸한 미소는 비할 데가 없다.

　당 초기 문화의 영향을 받아 7세기 후반에 발생한 하쿠호白鳳 문
화는 싱싱한 활기가 넘친다. 특히 야쿠시사藥師寺 동탑의 균형미는

말로 표현하기 어렵고 다카마쓰 고분의 극채색 벽화는 화려함 그
자체다. 야쿠시사 금당약사삼존상은 세계에 현존하는 가장 오래된
금동상이다.

8세기 중반의 덴표天平 문화는 쇼무聖武 천황이 진호국가를 위해
불교 진흥 정책을 펼치며 시작되었다. 덴표 문화는 당 전성기 문화
의 영향을 받은 고도의 귀족적 불교문화로, 거대한 도다이사東大寺
대불이 그 상징이다. 국제색이 풍부한데 쇼소인正倉院의 조모류조鳥
毛立女 병풍은 멀리 인도, 페르시아의 영향을 받았다.

헤이안 시대의 새로운 문화

고닌弘仁·조간貞觀 문화는 간무 천황이
헤이안쿄에 천도하고 당시 불교에 불만을 품고 있던 사이초와 구카
이가 당에서 도입한 밀교의 영향을 받은 것으로, 새 시대 개척의 힘
이 느껴진다. 통나무 하나를 통째로 조각해 불상을 만드는 방법이
유행했는데 대표적인 작품이 진고사神護寺 약사여래상, 겐교사元興寺
약사여래상이다. 밀교의 영향으로 만다라나 부동명왕이 자주 그려
졌다.

헤이안 중기에
등장한 일본 문화

고쿠후國風 문화는 후지와라씨의 섭관 정치가 자리 잡은 10세기에 전성기를 이루어 후지와라 문화라고도 한다. 894년 스가와라노 미치자네菅原道眞가 견당사遣唐使를 폐지한 이후 중국의 영향을 받지 않는 독자적인 일본 문화가 탄생했다. 고쿠후라는 이름은 여기에서 나왔다.

이때부터 한자를 변형한 가나를 쓰기 시작했다. 대표적인 예술품으로는 뵤도인平等院 봉황당이 있다. 궁정문학으로《겐지 모노가타리源氏物語》나《마쿠라노소시枕草子》등이 있다. 귀족들 사이에 정토淨土 신앙이 유행해 아미타불이 많이 만들어졌다. 11세기 후반 아미타 신앙이 전국에 퍼졌고, 지방 호족이 주손사中尊寺 금색당이나 시라미즈白水 아미타당 같은 화려한 아미타당을 연이어 세웠다. 중앙의 귀족 문화가 최초로 지방에까지 파급된 것이다. 이 문화는 원정기와 시기가 비슷해 원정기 문화라고도 불린다.

불교가 중앙집권화를
촉진했다?

6세기 중반~현대: 불교 전래

**일본에
불교가 들어오다!**

　　　　　　인도에서 발생한 불교는 67년 중국(후
한)에 전래되고 384년 백제에 전래되었다. 그리고 긴메이欽明 천황
시대인 6세기 중엽 백제 성명왕이 일본에 전래했다. 공식적인 전래
연도는 538년 설과 552년 설이 있으나 현재는 538년 설이 유력하
다. 이는 어디까지나 공식적인 연도이며 한반도 도래인(귀화인) 사
이에서는 이미 사적으로 불교를 숭배하고 있었다.

　불교가 공식적으로 전래된 이후 조정이 즉시 불교를 용인한 것은

　　　　　　　　　　　　　　　　　　　　　2장 율령국가의 탄생

아니다. 오오미大臣인 소가노 이나메蘇我稻目는 숭불을 주장했지만 오무라지大連인 모노노베노 오코시物部尾興는 '나라 신의 진노를 산다'는 이유로 폐불을 주장했다. 이것이 이른바 '숭불 논쟁'이다.

이에 천황은 현 단계에서 공적인 불교 숭배는 인정하지 않으나 호족인 소가씨가 개인적으로 신앙하는 것은 허락했다.

중앙집권화에
필요했던 불교

불교의 국가 수용 여부는 단순히 종교적 문제에 그치는 것이 아니다. 불교는 인도의 카스트제도와 부족 제도를 초월한 보편적인 교의가 중심이다. 즉 불교 수용은 씨성氏姓 제도를 기반으로 하는 호족 연합 정권인 야마토 조정을 중앙집권적 율령국가로 변혁한다는 의미가 있다.

모노노베씨는 국가 체제의 현상 유지를, 소가씨는 적극적인 체제 개혁을 주장했다. 참고로 당시 고구려와 백제, 신라는 차례로 불교를 수용했으며 국가기구의 중앙집권화는 세계적인 추세였다. 이윽고 소가씨는 선진적인 불교 문화와 기술을 흡수하고 불교를 신봉하는 도래인을 휘하에 거느리며 모노노베씨를 압도해 갔다.

소가노 이나메의 아들 소가노 우마코蘇我馬子는 모노노베노 모리야物部守屋를 물리치고 조정의 실권을 장악했다. 이 사건으로 불교는 조정의 공인을 받았으며 국가의 중앙집권화가 급속히 진전되었다.

쇼토쿠 태자가
꿈꾼 국가

593년~622년: 쇼토쿠 태자의 진실

쇼토쿠 태자는
소가씨 번영의 기대주

　　　　　　　　쇼토쿠 태자가 스이코推古 천황의 섭정
이 된 것은 593년의 일이라고 전해진다. 스이코 천황은 태자의 숙
모로 일본 최초의 여제다.

　그녀를 여제로 세운 사람이 바로 소가노 우마코다. 우마코는 조
정 제일의 실력자로 대립하고 있던 스슌 천황을 암살한 뒤 조카를
스이코 천황으로 억지로 즉위시키고 소가씨의 피를 이은 쇼토쿠 태
자를 섭정으로 삼아 조정을 지배하고자 했다. 쇼토쿠 태자는 황태자

지위를 부여받았다. 즉 쇼토쿠 태자는 소가씨 번영의 기대를 한 몸에 짊어진 희망이었다.

그러나 쇼토쿠 태자는 우마코의 계획대로 행동하지 않았다. 쇼토쿠 태자는 생후 4개월에 말을 시작했고 10명과 동시에 대화가 가능했다는 전설적인 인물이다. 그는 고구려나 백제의 지식인을 스승으로 삼아 제왕학을 배우면서 천황을 중심으로 하는 중앙집권 국가가 정의라고 생각했다.

소가노 우마코의 기대와 전혀 다른 개혁이 계속되었다. 태자는 소가씨의 지나친 세력 확대를 억제하고 천황에게 권력을 집중하는 정책을 차례차례 단행했다. 이것이 바로 603년의 관위冠位 12계와 604년의 헌법 제17조다.

호족을 누르는
관위 12계와 헌법 제17조

관위 12계는 개인의 재능과 공적에 따라 위계를 정해주는 제도다. 이를 통해 인재를 등용함으로써 천황 주위에 우수한 관료를 모으고 동시에 호족의 세습제를 저지할 수 있었다. 헌법 제17조에서는 '왕은 하늘이고 신하는 땅'이므로 질서를 파괴하지 말고 천황에게 복종해야 하며, '조화를 존중'해 호족 간의 합의제를 중시하고 국가 관료로서 복무규정을 엄수하라고 호족들을 설득했다.

607년의 견수사遣隋使 오노노 이모코小野妹子 파견도 천황의 권위를 높이기 위한 외교 전략이었다. "해 뜨는 곳의 천자가 해지는 곳의 천자에게 글을 보낸다"라는 국서는 유명하다. 이를 본 수양제는 무례한 구절에 격노했으나 일본에 답례사를 보냈다. 한반도의 고구려를 견제하려면 일본의 협력이 필요했기 때문이다. 쇼토쿠 태자가 당시 국제 정세를 읽어내고 대등 외교를 전개한 것으로, 대단히 뛰어난 외교 수완이었다. 결과적으로 천황의 국제적 지위는 비약적으로 상승했으며 이에 따라 일본 국내에서의 권위도 높아졌다.

그러나 쇼토쿠 태자의 정책도 소가씨가 강대해지는 것을 막을 수 없었다. 결국 쇼토쿠 태자는 실의에 빠져 만년에는 칩거해 불교에 몰두했다.

쇼토쿠 태자는 자살했다?

쇼토쿠 태자는 622년 49세로 생애를 마쳤다. 《쇼토쿠타이시덴레키聖德太子傳曆》에 사망 당일 쇼토쿠 태자가 부인 가시와데노 오오토지膳大刀自에게 "오늘 밤 나는 저 세상으로 떠난다"라고 말했다는 기록을 들어 자살이라는 설이 있다. 쇼토쿠 태자가 만년에 "세상은 허무하고 오직 부처만이 진실"이라고 절망을 토로한 사실 등을 생각하면 자살설은 개연성이 있다.

　　　　　　　　　　　　2장 율령국가의 탄생

다이카 개신이
시행된 이유

645년: 다이카 개신

끝없이 강대해진
소가씨

        소가노 에미시蘇我蝦夷는 천황만이 거행
할 수 있는 기우제를 무단으로 행하거나 멋대로 대신 자리를 아들
인 이루카入鹿에게 넘기는 등 점점 방약무인한 태도를 취했다. 그래
도 에미시는 겉으로는 천황을 섬기고 호족을 존중하는 태도를 보였
으나 이루카는 달랐다.

      643년 11월, 야마시로노 오에山背大兄 왕이 자살했다. 야마시로노
오에 왕은 쇼토쿠 태자의 아들로 소가씨의 가까운 친척인 후루히노

오에古人大兄 황자의 황위 계승 라이벌이었다. 이루카가 모반 누명을 씌워 자살로 몰고 간 것이다. 이 사건으로 소가씨는 많은 귀족의 반 감을 샀다.

나카토미노 가타마리의 쿠데타

이러한 정세를 교묘히 이용해 소가씨 타 도를 계획한 이가 나카토미노 가타마리中臣鎌足다. 그는 신직神職을 맡은 중급 호족이었는데, 당나라에서 귀국한 승려 민旻과 미나미부 치노 쇼안南淵請安을 스승으로 모시고 대륙의 새로운 지식을 흡수했 다. 그는 당과 같은 율령국가를 본떠 천황을 중심으로 하는 중앙집 권적 국가를 수립하려고 했다. 그 이상을 달성하는 데 소가씨 같은 존재는 커다란 장애물이었다.

가마타리는 역시 황위 계승의 유력 후보인 나카노 오에中大兄 황 자의 찬동을 얻어 소가 일족인 소가노 쿠라야마다 이시카와마로蘇我 倉山田石川麻呂를 같은 편으로 끌어들이고 사에키佐伯씨, 가쓰라기葛城 씨를 꾀어 이루카를 암살한다. 645년 6월 12일 가마타리는 조선 3국의 사신이 왔다고 속여 이루카를 궁중으로 유인해 이시카와마로 의 낭독을 신호로 자객을 시켜 살해하려는 계획을 세웠다.

그러나 낭독이 시작되었는데도 자객이 주저하며 실행하지 못했 다. 불안해진 이시카와마로의 목소리가 변하고 진땀을 흘리자 이루카가 이상히 여겨 "왜 떨고 있는가"라고 물을 지경이었다. 결국 나카노 오에 황자가 이루카를 베어버렸다. 이루카는 이렇게 쓰러졌고 다음 날 저택을 포위당한 에미시도 자살해 소가씨 종가는 멸망했다.

다이카 개신으로
중앙집권 확립

쿠데타로 고토쿠孝德 천황이 즉위하고 나카노 오에 황자는 황태자가 되었다. 오오미제가 폐지되고 좌대신과 우대신이 신설되었으며, 가마타리는 천황의 보좌역인 내신内臣에 취임했다. 같은 해 말 나니와難波(지금의 오사카) 천도가 강행되었다. 자연히 지연을 기반으로 둔 호족의 영향력은 줄어들었다. 다음 해 나카노 오에 황자는 신정부의 기본 방침인 '개신의 조詔'를 발표했다. 그중에서도 호족의 토지 사유를 금지하고 토지와 인민은 국가의 것이라는 '공지공민제公地公民制'는 당시까지의 체제를 뿌리째 뒤흔드는 개혁이었다.

《일본서기》는 그 외에 행정조직과 교통, 군사 제도의 중앙집권화, 공지공민제에 따른 호적 작성과 이를 기초로 한 균전 분배, 새로운 세법 시행을 기록했지만 현실적으로 잘 실행되었는지는 의문이다. 서기 편찬자가 수정했을 가능성도 있다. 그러나 중앙집권적 정치체제가 확실히 성립된 다이카 개신大化改新은 국가의 커다란 변혁이라 할 수 있다.

율령국가의 구조

668년~10세기: 율령격식이란

'율'은 형법,
'령'은 행정법

　　　　　율령국가는 '율령'이라는 법률에 근거해
운영되는 국가를 말한다. '율'은 지금의 형법이고 '령'은 국가 통치
조직과 관리 복무규정을 포함하는 행정법 일반을 뜻한다. 4세기에
성립된 야마토 정권은 오오기미大王(천황)를 중심으로 하는 기나이
호족의 연합 정권으로 오랫동안 씨성 제도라는 지배 체제로 운영되
었다. 이 제도는 혈연 조직인 우지氏의 수장 우지노가미氏上가 조정
에서 가바네姓라는 공적 지위를 얻어 국가 운영을 맡는 시스템이다.

　　　　　　　　　　　　　　　　　　　　　　　　2장 율령국가의 탄생

그러나 645년 다이카 개신 이래 국가의 중앙집권화가 진행되는 가운데 견당사를 통해 당의 율령이 자세히 알려지자 야마토 정권은 율령 제도를 도입했다.

일본 최초의 '령'은 덴지 천황이 668년 제정한 오미령近江令으로 알려졌으나 그 존재를 의심하는 의견도 있다. 그 후 덴무 천황 때 아스카 기요미하라령飛鳥淨御原令이 만들어졌으나 본격적인 율령은 몬무文武 천황 701년에 오사카베刑部 친왕과 후지와라노 후히토藤原不比等가 편찬한 다이호大寶 율령이다. 718년의 요로養老 율령은 다이호 율령에 다소 변화를 준 것이다.

느슨한
일본식 율령

중국을 모방했다고는 하나 중국 시스템을 그대로 도입한 것이 아니라 일본의 실정에 맞도록 수정했다. 옛날부터 일본인은 독창적이기보다는 개량에 능력을 발휘했던 듯하다. 예를 들어 정치기구의 중심인 다이조칸太政官의 권한을 중국보다 강화하거나 진지칸神祇官이라는 제사 기관을 정치기구 속에 다이조칸과 병치하는 등의 변화가 보인다. 관리 채용에는 중국의 과거 같은 엄격한 시험제도를 두는 대신 유력자의 자제를 무시험으로 등용했다. 이른바 정실 채용이다.

'격식'은
율령의 수정과 시행세칙

　　　　　　요로 율령 이후 새로운 율령이 제정된 적은 없으나 9세기부터 10세기에 걸쳐 '격식格式'이라는 것이 제정된다. '격'은 율령을 수정하는 칙령과 관부를 이르고 '식'은 율령과 격의 시행세칙이다.

진신의 난은
왜 일어났나?

672년: 진신의 난

**황위 계승을 둘러싼
갈등이 발단**

672년에 일어난 '진신王申의 난'은 고대 최대의 내란이다. 다이카 개신을 성공시킨 나카노 오에 황자는 오랜 기간 황태자 지위에 머물며 음지에서 정치를 좌우했다. 667년 오미近江의 오즈노미야大津宮로 조정을 옮긴 다음 해에 즉위해 덴지天智 천황이 되었다.

덴지 천황에게는 오아마大海人라는 동생이 있어 그가 황위를 계승할 것으로 여겨졌다. 그러나 671년 천황은 자신의 아들 오토모大友

황자를 태정대신으로 임명해 정치 운영을 맡겼다. 태정대신에 취임했다는 것은 거의 황태자 책봉과 동등한 의미였다. 오토모 황자의 어머니는 우네메采女(지방 호족 출신의 조정 하급관인 여성)라 불리는 미천한 신분 출신이었다. 당시 관례로는 황위 계승권은 황족이나 유력 호족 출신의 황후에게서 태어난 황자에게만 주어졌다. 특히 천황에게 어머니가 같은 형제가 있을 경우 형제 상속이 원칙이었다. 그런데 덴지 천황은 이 관례를 무시하고 총애하는 아들 오토모를 후계자로 삼으려 했다. 신변에 위협을 느낀 오아마 황자는 머리를 깎아 황위를 이을 뜻이 없음을 천황에게 전하고, 오즈에서 100킬로미터 넘게 떨어진 요시노吉野로 가족을 이끌고 가서 은거했다.

불만분자를 모아
오즈를 공격하다

671년 12월 덴지 천황이 사망했다. 덴지 천황의 독재로 조정에는 불만이 팽배했다. 천도 강행이나 백제에 대한 지원군 파견 실패, 개신의 조 같은 호족 세력 억압정책 등이 그 원인이었다. 덴지 천황이 죽자 불만이 터져나오면서 젊은 오토모 황자의 정권은 흔들리기 시작했다.

이를 기회로 오아마 황자는 군사를 일으켜 672년 6월 요시노를 벗어나 이가노쿠니伊賀國를 함락하고 이세노쿠니伊勢國에 입성해 후와노세키不破關에 진을 쳤다. 오아마의 부름에 응한 미노美濃와 이세노쿠니의 병사가 속속 집결했으며 오즈노미야에서도 오아마를 따르는 동지가 모여들어 거대한 군사 세력이 형성되었다. 오아마 황자는 군사를 둘로 나누어 비와호琵琶湖를 감싸듯이 하며 오즈로 진격했다.

이전 수도인 아스카에서도 오토모大伴씨가 오아마에 호응해 군사를 이끌고 오즈로 향했다. 반란 소식을 들은 오즈노미야는 한때 혼란에 빠졌으나 이내 반격 태세를 갖추었다. 1개월간 공방 끝에 오즈는 함락되고 오토모 황자는 자살했다.

덴무
독재정권 성립

승리를 거둔 오아마 황자는 아스카에서 즉위해 덴무 천황이 되었다. 무력으로 황위에 오른 덴무의 힘은 강대했다. 호족들은 복종하지 않을 수 없었다. 덴지 천황이 지향했던 중앙집권화는 급속히 달성되었다. 역사의 아이러니라고나 할까.

가장 오래된 문자는?

일본에서 가장 오래된 문자는 5세기 중엽 지바현 고분에서 출토된 철제 검에 쓰인 것이라고 한다. 그러나 1996년 1월 미에현 가타베片部 유적에서 출토된 4세기 전반의 것으로 추정되는 토기 항아리에, 먹으로 쓴 '전田'이라는 글자가 있다고 현지 교육위원회가 발표했다. 이것이 사실이라면 가장 오래된 문자의 탄생 시기는 100년 이상 거슬러 올라가게 된다.

그러나 이 글자는 항아리 가장자리라는 부자연스러운 곳에 있으며 색도 흐리고 형태도 뒤틀려 있어 얼룩이 아닌가 하는 의문이 제기되며 학자들 사이에 논란이 일었다.

실크로드학 연구 팀의 데라자와 가오루寺澤薰는 이것이 '전田'이라는 글자가 아니라 2~3세기 일본산 구리거울에 보이는 무녀를 뜻하는 'ㅗ'라는 글자라는 새로운 학설을 발표했다. 만약 이것이 사실이라면 최초 문자의 기원은 수백 년을 더 거슬러 올라가게 된다.

한편 희노嬉野에서는 이를 마을 진흥에 이용하기 위해 역사 논문을 공모하고 심포지엄이나 조몬 마쓰리繩文祭를 개최하는 등 선전에 여념이 없었다. 마을 직원 명찰에 토기 사진과 설명을 인쇄하는 등 정열을 보였다.

그런데 1997년 2월에는 구마모토현 교육위원회가 다마나시 야나기柳 유적의 목제 갑옷 장식에서 역시 '전田'자가 발견되었다고 공표했다. 함께 출토된 토기의 연대로 추정해 보니 가타베 유적보다 30년 오래되었다. 최고最古 문자 논쟁은 여전히 계속되고 있다.

일본 승마법의 뿌리는?

요즘의 승마술에서는 말을 왼쪽에서 탄다. 이는 서양에서 들어온 방식으로 원래 일본에서는 오른쪽에서 탔다고 한다. 메이지 중기까지 전해진 오른쪽에서 타는 승마법은 시기산엔기에마키信貴山緣繪卷나 헤이지모노가타리에코토바平治物語繪詞의 그림에 처음 나오는데 이 때문에 그 기원은 헤이안 시대로 알려졌다.

그러나 1988년 사이타마현 미사토美里의 구보久保 2호 고분에서 출토된 마형馬形, 하니와埴輪가 이 정설을 무너뜨렸다. 하니와의 오른쪽 등자는 미끄러지기 쉬운 둥그런 형태가 아니라 슬리퍼 같은 모양이었으며 왼쪽보다 길었다. 일본 말 연구가 스즈키 다케오鈴梶

夫는 이것이 나지막한 슬리퍼 모양의 오른쪽 등자를 발판으로 삼아 올라탄 증거라고 추정했다. 즉 오른쪽에서 타는 승마법의 기원은 500년을 더 올라간다. 그러나 치바현 히메쓰카姬塚 고분의 마형 하니와를 1996년 국립역사민속학박물관의 스기야마 신사쿠杉山晋作 조교수가 복원하면서 승마법에 대한 흥미로운 설이 제시되었다.

하니와의 오른쪽 옆에 길이 25센티미터, 넓이 7센티미터의 판자가 끈 두 개로 이어져 등자보다 높은 위치에 달렸는데, 이것이 옆으로 타기 위한 발판이라는 것이다.

고대 문헌에 여성이 말을 탈 때 옆으로 탔다는 기록이 보이며 도호쿠 지방 일부에는 신부가 결혼식 전에 옆으로 말을 타는 관습이 남아 있다. 그래서 스즈키는 이 하니와의 주인공을 여성이라고 단정했다.

지금도 두 명이 함께 자전거를 탈 때 뒷자리에 여성이 탈 경우 옆으로 앉는 사람이 많은데 이 역시 고대의 흔적이라고나 할까.

토지 사유는
언제부터?

646년~743년: 토지제도 ①

> **모든 토지는**
> **국가의 것**

　　　　　수렵을 하면서 이동하는 사람들에게 토
지는 그다지 의미가 없다. 인간이 토지에 집착하게 된 것은 농업이
시작되고 정착 생활을 시작하면서부터다. 좋은 토지를 둘러싸고 전
쟁이 일어났고, 전쟁에서 살아남은 사람들이 호족으로 불리는 지배
계급이 되었다.

　야마토 정권은 호족의 연합으로 시작되었지만 권력이 천황에게
집중되면서 유력 호족들은 점차 배제되었다. 645년 강대한 세력을

　　　　　　　　　　　　　　　　　2장 율령국가의 탄생

자랑하던 소가씨도 다이카 개신으로 최후를 맞았다.

다음 해인 646년 조정은 4개조의 '개신의 조'를 발표했다. 그중 하나가 '공지공민제'다. 이는 모든 사유지를 접수해 국가 소유로 삼는 법률로, 토지제도의 일대 변혁이라 할 수 있다.

이와 동시에 반전수수班田收授법이 제정되었다고는 하나 이 법은 701년 다이호大寶 율령 이후에나 확실히 시행되었다. 이 법에 따르면, 6세 이상에게 반전(토지)을 빌려주는데, 국민을 '양良'과 '천賤'으로 나누어 양민에게는 2단(1단은 약 107제곱미터)을, 천민에게는 그 3분의 1을 빌려주었다. 물론 토지를 무료로 분배하는 것이 아니라 조·용·조라는 조세를 부과했다.

하지만 이것이 매우 가혹하다 보니 토지를 버리고 유랑하는 자, 도망하는 자가 속출해 반전은 날로 황폐해지고 국세도 줄어만 갔다.

이러한 상황을 타개하기 위해 조정은 723년 '삼세일신三世一身의 법'이라는 신법을 발령했다. 황폐해진 반전을 다시 개간한 자는 평생, 황야를 새로이 개간한 자는 3대에 걸쳐 그 토지의 사유를 인정하는 획기적인 법률이었다. 그러나 사람들은 앞을 다투어 황무지를 개간하면서도 국가 접수 기간이 가까워지면 경작을 포기하고 말았다. 그래서 정부는 '간전영년사재법墾田永年私財法'을 발령해 토지 사유를 공인했다.

신분에 따라 개간지 면적에 규제는 있었지만 원칙적으로 토지는 사유화되었다. 즉 공지공민제 이전 상태로 돌아간 것이다.

무사에서 농민 손으로

743년~16세기: 토지제도 ②

**장원 제도라는
새로운 토지 시스템**

　　간전영년사재법으로 재력을 가진 사원
과 귀족은 개척과 개간을 시작했다. 이들이 개간한 토지를 초기 장
원이라고 한다. 그러나 10세기 이후, 초기 장원은 쇠퇴하고 개발 영
주(유력 농민)가 작인(농민)과 하인(농노)을 부려 토지를 개척하고 이
를 귀족과 사원에 기부하는 기진지寄進地계 장원이 주류가 되었다.
물론 기진은 명목상이며 실제 소유권은 개발 영주에게 있었다. 그들
은 기진으로 귀족과 사원을 영가領家·본가로 받들며 그 권위를 이

용해 국사國司의 압력과 조세를 피하려 했다.

　참고로 국사의 장원 출입을 거부할 권리를 '불입권不入權', 조세 면제의 권리를 '불수권不輸權'이라 했다. 이를 통해 장원은 국가 지배에서 완전히 해방되었다. 그리고 이러한 장원 제도가 기본이 되어 일본의 토지 정책은 변화를 맞았다.

장원에서 무사로

　　　　　　그 후 장원의 개발 영주는 무장을 하고 무사가 된다. 무사는 일부 무사 정권 아래서는 고케닌御家人이 되어 '혼료안도本領安堵'라 해서 토지 소유를 보장받았다. 장원의 토지는 농민이 직접 경작했지만 개발 영주, 영가, 본가와 같이 토지 하나에 중간 착취층이 여러 층 있었다. 도요토미 히데요시는 병농 분리령을 내려 중간 착취층을 배제하고 일지일작인一地一作人제를 확립했다. 이로써 장원 제도는 소멸되었다.

　에도 바쿠후가 이 제도를 유지함으로써 토지는 농민의 것이 되었다. 다만 세수를 확보하기 위해 전답 영대永代 매매의 금지령과 분지分地 제한령 등을 내려 농민에게서 토지 매매의 자유를 박탈했다. 토지는 지조 개정령이 내려진 메이지 시대부터 다시 자유화되었다.

　제2차 세계대전 후에는 농지개혁이 단행되면서 많은 소작농이 토지를 얻어 자작농이 되었다.

일본과 중국은
활발히 교류했다

3세기~12세기: 대중국 외교의 변천

**중국의 힘을 이용하는
조공 외교**

일본과 중국의 관계는 역사가 오래되었
다.《한서》지리지에 기원전 1세기경 중일 교류에 관한 기술이 있다.
야요이 시대 일본은 작은 국가들이 난립했으며 각 국가는 앞다투어
중국에 사자를 보내 자국의 정치적 위상을 높이려 했다. 3세기 위魏
에 사신을 파견한 야마타이국 여왕 히미코가 그 전형이다.

4세기에 기나이 지역에 출현한 야먀토 정권의 역대 천황 다섯 명
은 고구려를 견제하기 위해 중국 남조에 조공했다. 조공은 공물을

가져가 중국 황제를 알현하는 것이다. 그들은 중국의 기록에 찬讚, 진珍, 제濟, 흥興, 무武로 남아 있는데 제, 흥, 무는 각각 인교允恭, 안코安康, 유랴쿠雄略 천황이라 여겨진다.

기본적으로
평등 외교로 전환

　　　　　　　　　　조공 외교라는 비굴한 역사에 막을 내린 이가 쇼토쿠 태자다. 607년, 태자는 오노노 이모코를 수양제에게 파견하면서 "해 뜨는 곳의 천자가 해지는 곳의 천자에 글을 보낸다"라고 쓴 국서를 전하는 대등 외교를 표방했다. 수양제는 격노했으나 동아시아 정세의 변화로 일본과 우호 관계를 유지할 필요가 있자 답례 사절을 보냈다. 견수사와 동행한 다카무코노 구로마로高向玄理, 미나미부치노 쇼안南淵請安, 승려 민은 귀국 후 다이카 개신에 중요한 역할을 수행했다.

　수가 멸망하고 당이 탄생한 이후에도 야마토 조정은 대륙의 선진 기술과 지식, 제도를 받아들이려고 계속 사신을 파견했다. 630년 이누가미노 미타스키犬上御田鍬가 최초로 바다를 건넌 후 894년 스가와라노 미치자네의 건의로 중단될 때까지 견당사는 15회 파견되었다. 나라 시대에는 20여 년에 한 번꼴로 파견되었다. 학승과 유학생을 포함해 총 250여 명이 배 네 척에 나뉘어 타고 바다를 건넜다. 당시는 항해술이 미숙해 조난이 끊이지 않았다. 목숨을 건 여행이었

다. 그래도 약 250년간 계속된 견당사는 일본의 국가 제도 발전과
원정기 문화 발달에 큰 공헌을 했다.

견당사가 중단된 후 중일 관계는 거의 단절되었다. 그 후 문화 면
에서 중국의 영향은 줄어들고 10~11세기에는 일본 독자의 고쿠후
문화가 꽃을 피웠다.

민간무역의
상업 외교 중심으로

12세기가 되면 남송 상인들이 일본인과
교역하기 위해 빈번히 일본에 와서 민간무역을 매개로 중일 교섭이
재개된다. 여기에 주목한 이가 이세伊勢의 다이라씨平氏다. 다이라노
기요모리平淸盛는 세토 내해 항로를 정비하고 효고항兵庫港에 오와
다노 도마리大輪田泊를 쌓아 무역을 독점해 막대한 이익을 취했다.
송에서 서적, 도자기, 경전뿐 아니라 막대한 양의 동전이 수입되어
일본의 화폐경제 침투에 크게 기여했다.

《고사기》와 《일본서기》를 편찬한 까닭은?

712년~901년: 《고사기》와 《일본서기》

《고사기》와 《일본서기》편찬

일본 역사를 체계적으로 편찬한 최초의 책은 《고사기》(712)와 《일본서기》(720)다. 두 권 모두 덴무 천황의 명으로 편찬되기 시작했다. 덴무 천황은 《제기帝紀》라는 황실 계보와 《구사舊辭》로 불리는 신화와 전승에 잘못이 많으므로 히에다노 아레稗田阿禮에게 이를 정선해 암기하라고 했다. 아레가 나이가 들자 전승이 끊길 것을 걱정한 겐메이元明 천황은 오노 야스마로太安万侶에게 아레의 암송을 기록하게 했다. 이것이 《고사기》로 상·중·하세 권에 건국신화부터 스이코 천황 시대까지 기록되어 있다.

한편《일본서기》는《제기》와《구사》를 원본으로 해서 중국과 한반도의 정사와 일본의 고기록을 받아들여 권수 30권, 계도系圖 1권이라는 방대한 양으로 겐쇼元正 천황 시대에 완성되었다. 중심 편찬자는 도네리舍人 친왕으로 신화부터 지토持統 천황의 사적까지 상세하게 기록했다.

《고사기》는 이야기의 성격이 강해 읽을거리로는 재미있지만《일본서기》와 내용상 큰 차이는 없다. 왜 같은 시기에 성격이 비슷한 역사서가 둘이나 만들어졌을까.

정사와 개인적 장서의 차이

두 역사서는 편찬 목적에 차이가 있다. 《일본서기》는 중국을 모방해 정사正史로 편찬된 공적 기록이다. 이후《속일본기續日本紀》(797),《일본후기日本後紀》(840) 등《일본서기》에 연이어 정사가 다섯 권 계속 편찬되었으며 이를 한꺼번에《육국사六國史》라 한다. 한편《고사기》는 천황가가 보존할 개인적 장서여서 한 편으로 끝난 것이다.

신들은
천황가로 이어진다

　　　　　　두 책 앞부분에는 모두 신이 활약하는 일본 신화가 상세히 기록되어 있다. 이는 조정의 창작이 아니라 전승을 수록한 것으로 보인다. 일본 신화는 보통 동남아시아 신화를 골격으로 하는데 두 책은 중국과 한반도, 남태평양 심지어 그리스신화의 영향까지 보인다는 것이 특이하다.

　두 책은 이들 신화가 천황가에 연결되도록 수정되었다. 즉 천황가에 신성성을 부여해 국민 지배의 정통성을 주장하려 한 것이다. 덴무 천황이 사서를 편찬한 것은 바로 이런 목적이었다.

처절한
권력투쟁의 시대
710년~784년: 나라 시대 정치

화려한 옛날을 꿈꾸는
후지와라씨

710년 겐메이 천황은 후지와라쿄藤原京
에서 지금의 나라 지역인 헤이조쿄平城京로 수도를 옮겼다. 이후 헤
이안쿄로 옮기기 전까지 약 80년을 나라 시대라고 부른다. 이때는
권력자의 빈번한 교체가 시대적 특징이다.

천도를 추진한 이는 후지와라노 가마타리藤原鎌足의 아들 후히
토不比等다. 그는 720년 요로 율령의 편찬에 관여하는 등 율령국가
구축에 공헌한 위대한 정치가다. 720년 후히토가 사망한 후 후지와

라씨에 대항하는 황족 세력 중 나가야長屋 왕이 두각을 나타내 우대신이 되어 정권을 장악했다. 그는 덴무 천황의 손자다.

한편 후히토의 네 아들(무치마로, 후사사키, 우마카이, 마로)은 아버지 대의 영광을 회복하기 위해 후히토의 딸 고묘시光明子를 황후로 밀었다. 그러나 황족 이외에서 황후가 나온 전례가 없어 나가야 천황은 이를 저지하려고 했다. 729년 '나가야 천황이 모반을 꾀한다'는 밀고가 들어온 것을 기회로 후지와라씨 네 형제는 사실을 밝힌다는 구실을 내세워 나가야 천황의 저택을 군사로 포위했다. 후지와라씨의 음모였다. 사태를 파악한 천황은 처자와 함께 자살했다.

이로써 고묘시는 염원하던 황후가 되고 후지와라씨 네 형제는 실권을 장악했다. 그러나 737년 네 형제 모두 천연두에 걸려 어처구니없이 죽고 말았다. 당시에는 천연두가 맹위를 떨쳐 조정의 거의 모든 실력자가 이로 인해 사망했다.

끈질기게 부활을 노리는 후지와라씨

이 정치적 공백기에 등장한 사람이 황족인 다치바나노 모로에橘諸兄다. 그는 후지와라노 무치마로의 아들 나카마로仲麻呂가 고묘 황후의 총애를 업고 승승장구하자 이에 분개해 756년 정계에서 은퇴했다. 불만을 품은 모로에의 아들 나라마로奈良麻呂는 정권 탈취 쿠데타를 계획하나 사전에 발각되어 체포되었다.

나카마로 시대도
길지 않았다

이후 나카마로의 전성시대가 이어진다. 고묘 황후의 딸 고켄^{孝謙} 여제가 퇴위하자 나카마로는 자기 마음대로 조종할 수 있는 준닌^{淳仁} 천황을 즉위시키고, 고묘 태후 후원 아래 태정대신이 되어 권력을 휘둘렀다. 그러나 고묘 태후가 죽은 뒤 고켄 상황이 도쿄라는 승려를 총애하면서 나카마로의 인생은 꼬인다. 고켄 상황은 나카마로의 권력을 도쿄에게 넘겨주게 했다. 764년 나카마로는 병사들에게 몰려 자멸했다.

이윽고 도쿄는 태정대신선사^{太政大臣禪師}가 되어 복위한 고켄 상황(쇼토쿠 천황, 稱德天皇) 휘하에서 불교 정치를 펴고, 천황에게 아들이 없는 것을 기회로 스스로 황위에 오르려 했다. 그러나 와케노 기요마로^{和氣淸麻呂}에게 저지당하고 770년 천황이 사망하자 쫓겨났다. 한때 정권을 쥐었더라도 어디서 오는 칼날에 자신이 당할지 모르는 엄청나게 급변하는 시대였다.

　　　　　　　　　　　　　　　　　　　　　　2장 율령국가의 탄생

간무 천황이
수도를 옮긴 까닭은?

784년~805년: 헤이안쿄 천도

**눈 깜짝할 사이에
수도를 옮기다**

　　　　　　　　　고닌 천황의 뒤를 이은 간무 천황은 7대
74년에 걸쳐 수도였던 헤이조쿄를 폐하고 야마시로쿠니山背國의 나
가오카長岡(현재 교토 부근)에 새 도시를 만들어 수도를 옮겼다. 천도
는 갑작스럽게 진행되었다. 간무 천황은 784년 5월에 천도할 뜻을
밝히고 같은 해 11월 나가오카로 옮겨버렸다. 왜 이렇게 천도를 서
둘렀을까. 거기에는 몇 가지 이유가 있다.

　① 쇼토쿠 천황 시대부터 도쿄를 필두로 불교 세력이 정치에 강

하게 개입하자 불교의 영향력을 끊어버리기 위해서였다. ② 간무 천황은 당시까지 천황을 계속 배출한 덴무 천황계가 아닌 덴지 천황계였기 때문에 덴무 천황계에 대항할 지역을 원했다. ③ 후지와라씨 일족과 같은 옛 귀족 세력을 누르고 천황의 친정을 실현하려 했다. ④ 에미시蝦夷를 정벌하기 위해 병사와 물자의 보급이 편리한 수륙 요충지로 도읍을 옮겼다.

785년 9월 23일, 수도 건설 책임자인 후지와라노 다네쓰구藤原種繼가 살해당했다. 범인들은 즉시 잡혔으나 그 속에 간무 천황의 친동생이자 황태자인 사와라早良 친왕이 끼여 있었다. 분노한 천황은 친왕을 태자 자리에서 내치고 아와지淡路로 유배를 보냈다. 그리고 자기 아들인 아테安殿를 황태자로 삼았다.

**친동생 사와라의
저주인가**

무죄를 주장하던 사와라 친왕은 이 처벌에 격노해 모든 음식을 끊고 유배지인 아와치로 가는 도중 사망했다. 사와라가 죽고 몇 년이 지난 후 간무 천황은 주위의 이변을 느끼기 시작했다. 788년 부인 후지와라노 료시藤原旅子가 병사하고 다음 해에는 친어머니인 다카노노 니가사高野新笠가, 그다음 해에는 황후 후지와라노 오토무로藤原乙牟漏와 부인 중 한 명인 사카노 우에노가坂上春子가 급사했다.

천연두가 맹위를 떨쳐 거리에는 사망자가 줄을 이었다. 날씨마저 나빠 흉작이 계속되었다. 792년에는 대홍수가 두 번이나 나가오카 쿄長岡京를 덮쳤으며 아테 황태자가 원인 불명의 병에 걸렸다. 계속된 흉사에 간무 천황은 점을 쳤는데 사와라 친왕이 저주를 내렸다는 점괘가 나왔다. 놀란 천황은 즉시 아와지로 칙사를 파견해 묘지를 정돈하고 영혼을 위로했다. 그러나 천재지변은 멈추지 않았다.

또다시 천도하다

794년 간무 천황은 수도를 옮긴 지 약 10년 만에 나가오카쿄를 떠나 헤이안쿄로 천도한다. 이번에는 사와라의 저주를 피하기 위해서였다. 거짓말 같은 이야기지만 당시 사람들은 저주를 진지하게 믿었다. 그러나 805년 '만민을 괴롭힐 뿐'이라는 후지와라노 오쓰구藤原緒嗣의 간언에 따라 간무 천황은 '조작造作(헤이안쿄 궁전 건축 공사)'과 '군사軍事(에미시 정벌)'를 중지하고 이듬해 사망했다.

오노노 이모코가
유형당할 뻔한 이유는?

앞에서 607년 쇼토쿠 태자가 오노노 이모코를 수양제에게 파견해 대등 외교를 꾀했다고 설명했다. 양제는 무례한 국서에 화가 났지만 고구려를 견제하기 위해서는 일본의 협력이 필요해 답례사로 배세청裵世淸을 보냈다. 그런데 이듬해 양제의 답서를 가지고 배세청과 함께 귀국하던 오노노 이모코는 커다란 실책을 범한다. 백제를 지나던 길에 도적을 만나 양제의 답서를 빼앗긴 것이다.

일본 조정에서는 이 실책을 둘러싸고 이모코를 유형 보내야 한다는 소리가 높았으나, 쇼토쿠 태자의 온정으로 이모코는 유학생을 거느리고 다시 수나라로 가게 되었다. 같은 해 이모코는 다카무코노

구로마로高向玄理와 미나미부치노 쇼안 등의 유학생을 거느리고 수나라로 떠났다. 그러나 어떻게 도적에게 답서를 빼앗기고 본인은 무사히 귀국할 수 있었는가? 불가사의한 면이 있다.

그래서 답서를 빼앗겼다는 것은 거짓말이고 처음부터 답서를 받지 못했다는 설이 나왔다. 일본의 무례함에 분노한 수양제가 답서를 주지 않았는데 이모코가 도둑맞은 척했다는 것이다. 이것이 사실이라면 이모코를 용서한 쇼토쿠 태자도 사정을 알고 있었을 확률이 높지 않을까.

일본에서는 모르는
간진 화상의 공적

당나라 고승인 간진鑑眞 화상은 불교를 올바로 포교하기 위해 여러 차례 도항을 시도했으나 실패하고, 실명까지 하면서도 끝내 일본으로 건너와 도다이사에 계단원戒壇院을 설립하고 일본 율종律宗을 창시한 명승이다.

그 후 간진은 황실의 후의로 쇼부聖武 천황이나 고켄 천황을 비롯해 400명 이상의 승려에게 정식으로 수계하고 조정으로부터 불교 최고의 지위인 대승도大僧都라는 지위를 받았다. 그러나 그의 공적은 불교에만 국한되지 않았다. 간진 화상은 당의 새로운 조각이나 건축 기술, 심지어 의학 지식까지 전해주었다.

《속일본기》에는 태후가 병에 걸렸을 때 간진이 약을 지어 병을 고쳤다는 기록도 남아 있다. 중국의 유명한 서예가 왕희지의 직필도 가져왔다. 이처럼 공헌한 간진은 나라의 한 사찰에서 서쪽을 향해 가부좌를 한 자세로 77세의 생을 마쳤다.

《동정전東征傳》이라는 책에는 그의 죽음에 관해 불가사의한 기술이 있다. 유체는 사후 3일이 지나도 온기가 있어 한동안 매장할 수 없었으며 유해를 화장할 때 일대에 말할 수 없이 신비한 향기가 감돌았다고 한다.

귀족을 떨게 한
최초의 무사 반란

935년~940년: 다이라노 마사카도의 난

무사는 무장한
지주 집단에서 출발

　　　　　　무사가 역사에 등장한 것은 9세기경이
다. 743년의 간전영년사재법으로 율령 제도가 붕괴되고 전국에 장
원이 난립하면서 개발 영주는 토지를 지키기 위해 무기를 들고 무
장 집단을 조직했다. 이것이 무사단의 시작이다.

　무사단은 지방의 사성賜姓 황족과 귀족을 지도자로 받들어 대규
모 무사단을 형성한다. 그리고 경쟁과 도태가 계속된 결과 간무헤이
시桓武平氏와 세이와겐지清和源氏가 남았다. 9세기 후반 점차 조정 귀

족의 신변도 경호하며 무사는 귀족 주위에서 '사부라우(대기하다라는 뜻의 일본어)'하는 존재라는 뜻에서 '사무라이'라 불렸다.

간토에서 신봉자를 모은
다이라노 마사카도

간토에서 반란을 일으킨 다이라노 마사카도平將門도 한때는 태정대신 후지와라노 다다히라藤原忠平를 위해 일했다. 마사카도는 시모사노쿠니 도요타군下總國 豊田郡을 근거지로 하는 다이라노 요시마사平良將의 아들로 태어났다. 교토 근무 중 부친이 사망해 고향에 돌아오니 부친 영토를 백부인 다이라노 구니카平國香와 다이라노 요시카네平良兼가 차지하고 있었다. 마사카도는 토지를 되찾기 위해 그들에게 도전해 마침내 구니카에게서 영지를 되찾았다. 마사카도는 교묘한 기마전술을 폈는데 이에 대항할 무사가 없었다.

이 사건이 조정에 알려져 마사카도는 교토로 소환되었으나 운 좋게 스자쿠朱雀 천황의 은사를 입어 무사히 귀환했다. 마사카도는 자신의 무공을 천하에 알리게 되었다. 이후 마사카도는 간토 무사의 신망을 얻으며 수많은 분쟁에서 중재역을 맡았다. 939년 마사카도는 구니카의 아들인 숙적 사다모리貞盛의 인도를 요구하며 히타치노쿠니常陸國의 국부國府를 포위했으나, 국부가 요구를 거부하자 무력으로 제압했다. 이 사건으로 마사카도는 국가의 반란자가 되었다.

간토 독립을
꿈꾸며

　　　　　　　마사카도의 목표는 간토 독립이었다. 조
정의 무거운 세금에 신음하던 간토 지역 사람들은 앞다투어 마사카
도에게 협력했다. 시모쓰케下野, 우에노上野 등 차례로 국부를 함락
하고 마침내 간토 전역을 제압했다. 마사카도는 스스로 천황이라 칭
하며 왕성을 건설하고 부하를 고쿠시國司와 관리로 임명했다. 여태
까지 경험해 보지 못한 반란 규모에 조정은 경악했다.

　비슷한 시기에 세토나이에는 후지와라노 스미토모藤原純友가 출
현했다. 조정은 간토에 군사를 파견했지만 진압할 자신은 없었다.
그러나 마사카도는 관군이 도착하기 전에 같은 간토 무사인 다이라
노 사다모리平貞盛와 후지와라노 히데사토藤原秀郷와 벌인 전투에서
미간에 화살을 맞고 어이없이 죽어버렸다. 교토의 사원들이 기도를
올린 끝에 신의 뜻으로 마사카도를 죽였다고 하지만 운이 없어 지
나가는 화살에 맞았다는 것이 적절한 해석이다.

　마사카도의 꿈은 이렇게 사라졌지만 간토 사람들은 그 후에도 간
토 각지에서 마사카도의 영혼을 받들었다. 간다 묘진神田明神과 머리
무덤은 그 전형이다. 마사카도의 숙원인 간토 독립은 그 후 250년
이 지나서야 창건되었다.

후지와라노 미치나가가
번영한 비밀은?

1016년~1067년: 셋쇼 정치의 구조

장막 뒤의 실력자
셋쇼와 간파쿠

헤이안 시대에 등장한 '셋칸(섭관) 정치'는 천황의 외척(외조부)이 셋쇼(섭정)나 간파쿠關白(관백) 지위에서 천황의 후견인이 되어 모든 정무를 대행하는 시스템이다. 특히 셋쇼는 천황이 어리거나 여성일 때 세워져 쇼토쿠 태자나 나카노 오에 황자같이 대개 황태자가 맡았다. 그러나 866년 세이와淸和 천황의 외조부 후지와라노 요시후사藤原良房가 신하로는 최초로 셋쇼가 되었다.

요시후사는 후지와라씨 북가北家(후지와라씨는 후히토 이후 남가, 북가, 경가, 식가로 나뉘었다) 출신으로 양자인 모토쓰네藤原基經가 그 지위를 계승해 887년 간파쿠에 취임했다. 간파쿠는 성년이 된 천황 곁에서 셋쇼와 같은 업무를 하는 관직을 말하며 모토쓰네 시대에 처음으로 설치되었다. 이후 셋쇼와 간파쿠는 후지와라씨 북가가 세습했으며 실질적인 셋칸 정치는 11세기 말까지 150년 이상 계속되었다.

셋칸을 결정하는 것은 운명?

후지와라씨 북가는 셋쇼와 간파쿠를 배출하는 가문이라는 이유로 셋칸가라 불렸는데 셋칸 자리를 둘러싸고 집안 내 권력투쟁이 끊이지 않았다. 가네미치兼通·가네이에兼家 형제, 미치나가道長와 고레치카伊周 숙질 간의 다툼은 유명하다.

그런데 셋쇼와 간파쿠에 취임하려면 우선 천황의 외척이 되어야 한다. 그 때문에 어떻게 해서든 딸을 천황의 부인으로 시집보내야 한다. 이를 위해 딸을 무라사키 시키부紫式部(일본의 유명한 고전《겐지 모노가타리》의 저자)나 세이쇼나곤清小納言 같은 우수한 가정교사를 붙여 최고 교양을 갖추게 하는 등 천황 마음에 들 만한 재원으로 교육했다. 그러나 딸이 천황의 부인이 되었다 해도 손자가 태어나지 않으면 아무 소용이 없었다. 즉 권력 장악에는 운이 따라야 했다.

딸 넷을 천황에게
시집보내다

셋칸 정치는 후지와라노 미치나가가 천황 시대에 전성기를 맞았다. 미치나가는 셋쇼였던 가네이에의 넷째 아들로 태어났다. 그러니 정상적으로는 실권을 잡기 곤란한 상황이었다. 그런데 형들이 차례로 전염병으로 쓰러진 데다 형의 딸에게 황자가 없었다. 미치나가는 틈을 보아 딸 쇼시彰子를 이치조一條 천황의 중궁으로 삼는 데 성공하고 운 좋게 황자인 고이치조後一條를 얻어 외척이 되었다.

미치나가는 연이어 딸 겐시妍子를 산조三條 천황에게, 이시威子를 고이치조 천황에게, 기시嬉子를 고슈사쿠後朱雀 천황에게 시집보내는 전대미문의 일을 해내며, 약 30년간 누구도 넘볼 수 없는 권력자가 되었다.

득의양양한 미치나가는 "이 세상을 내 것이라 여기면 그믐달도 기울지 않는 법"이라는 유명한 노래를 남기기도 했다. 그러나 미치나가의 인생도 어긋나기 시작했다. 딸들이 차례로 병사하고, 아들 요리미치賴通도 셋쇼가 되었으나 결국 황자를 탄생시키지 못했다. 이로써 셋칸 정치는 끝나고 권력은 상황(천황의 부친)에게 넘어갔다.

원정은
누가 지탱했나?

1086년~1322년: 원정의 구조

천황의 부친과 조부가
실권을 쥐는 정치

'원정 阮政'은 천황의 친아버지(상황)나 친할아버지(법황)가 실권을 장악하고 나라를 통치하는 정치 형태를 말한다. 11세기 말이 되자 셋칸 정치가 쇠퇴하고 원정이 시작된다. 일반적으로는 시라카와白河 상황이 여덟 살 된 아들 요시히토善仁 친왕(호리카와堀河 천황)에게 양위하고 원청院廳을 개설한 1086년 원정이 시작되었다고 한다.

원정의 포석을 둔 것은 시라카와 천황의 부친 고산조 천황이다.

고산조 천황의 모친은 셋칸가攝關家 출신이 아니다. 이로써 실로 170년 만에 셋칸가 외척이 없는 천황이 탄생했다. 그래서 고산조 천황은 셋칸가의 눈치를 볼 필요 없이 차례차례 과감한 정책을 시행할 수 있었다.

'치천治天의 군君'이라 불리는 시라카와 상황은 호리카와, 도바鳥羽, 스토쿠崇德 세 천황 위에서 43년간 군림했다. 시라카와 상황은 규칙을 무시하고 인사를 마음대로 하거나, 사찰의 낙성식이 우천 때문에 세 번이나 중지되자 빗물을 그릇에 담아 하옥시키는 등 파격적인 행보를 했다. "마음대로 안 되는 것은 가모가와賀茂川의 강물과 주사위의 패, 승병뿐"이라고 호언한 '삼불여의三不如意'는 유명하다. 이때 승병은 사원이 자위하려고 조직한 무장 승려를 말한다.

막강한 친위대를 거느린
시라카와 상황

원정의 중추 기관은 '원청'이다. 원청은 상황의 거처인 원院에 설치된 사적 기관이지만 여기서 나오는 명령인 원선院宣은 효력이 절대적이어서 조정은 이를 거스를 수 없었다. 상황의 힘이 이토록 강력해진 데는 직속 무사를 거느린 것이 크게 작용했다. 직속 무사는 '북면의 무사(원의 북쪽에 두어 경비를 맡겼다)'라 해서 무예의 달인을 모아 만든 친위대였다.

당시 무사의 활약은 귀족에게 놀라운 일이었다. 당시 귀족은 예외 없이 불교 신자였다. 그래서 승병이 무리한 요구를 거듭해도 부처의 벌이 두려워 손을 쓸 수 없었다. 그러나 무사들은 아무렇지도 않게 승병을 살해하는 매우 용감하고 믿을 수 있는 존재였다. 즉 상황에게 직속 무사가 있다는 사실이 원청의 권위를 증대시키는 요인이 되었다. 원정은 시라카와, 도바, 고시라카와 상황의 3대 100년에 걸쳐 계속되었다. 그러나 무사를 지나치게 중용한 결과 점점 강력해진 그들에게 이후 정권을 빼앗기게 된다.

불륜이 초래한
귀족 사회의 붕괴

1156년: 호겐의 난

부인과 할아버지 사이에서
태어난 자식

　　　　　　1156년 스토쿠 상황과 고시라카와 천황의 아집이 무력 투쟁으로 발전했다. '호겐保元의 난'이 그것이다. 난의 원인은 좀 복잡하다. 도바 상황의 큰아들 스토쿠 왕은 돌연 아버지에게서 동생인 고노에近衛 천황에게 양위하라는 말을 들었다. 이때 스토쿠 왕은 자기 아들 시게히토重仁 친왕을 고노에 다음의 천황으로 삼는다는 약속을 받고 퇴위했다. 그러나 고노에 왕 사후, 도바 상황은 약속을 깨고 마사히토雅仁 친왕(스토쿠 왕의 동생, 뒤의 고시라카와 천황)을 옹립하고 마사히토 친왕의 아들을 황태자로 세웠다.

스토쿠 천황은 원한을 품었다. 도바 상황이 스토쿠 왕을 냉대한데는 이유가 있다. 도바 상황은 스토쿠를 자기 아들이 아니라고 여겼다. 자기 부인과 조부인 시라카와 법황이 간통해서 태어났다고 생각한 듯하다. 무엇보다 스토쿠를 천황으로 삼은 이도 시라카와 법황으로, 도바 상황은 원치 않은 일이었다. 그러나 억지로 양위시킨 일은 결국 실패했다.

한편 셋칸가에도 내분이 생겼다. 간파쿠 후지와라노 다다미치藤原忠通와 동생 요리나가賴長는 가독家督과 간파쿠의 직위를 둘러싸고 험악한 사이가 되었다. 그들의 부친인 다다자네忠實는 요리나가를 총애해 다다미치를 실각시키려 했으나 고시라카와 천황은 거꾸로 다다미치를 중용했다. 요리나가는 스토쿠 상황에게 접근했다.

황실 다툼,
무사가 끝내다

1156년 도바 법황이 세상을 떠났다. 이를 기회로 스토쿠파와 고시라카와파의 주도권 다툼이 일시에 격화되어 서로 자기편 무사를 모았다. 스토쿠파가 다이라노 다다마사平忠正, 미나모토노 다메요시源爲義를 포섭하자 고시라카와파는 다이라노 기요모리, 미나모토노 요시토모源義朝를 불렀다. 다다마사와 기요모리는 숙질간, 다메요시와 요시토모는 부자간이었다.

2장 율령국가의 탄생

이제까지 무사가 조정의 명령으로 승병을 토벌하는 일은 있었지만 이처럼 조정의 내분 해결에 직접 관여한 것은 처음이었다. 정쟁이 더는 귀족끼리 해결되지 못하고 무사의 힘을 빌려야 하는 시대가 온 것이다. 결국 고시라카와 천황파의 야습으로 스토쿠파는 패하고 요리나가는 머리에 치명적 상해를 입고 사망했다.

스토쿠 상황은 포로가 되어 사누키讚岐에 유배되었다. 당시 전쟁 관련자는 매우 엄격하게 처벌당했다. 200년 만에 처음으로 사형이 부활되어 주모자급 무사가 처형되었다. 이 전쟁으로 무사는 자신들이 정권을 좌우할 힘을 가졌다는 사실을 깨달았으며, 이로써 다이라 씨 정권 탄생이 가능해졌다. 불륜 소동이 결국 귀족 사회 붕괴를 가져온 것이다.

다이라씨 정권
탄생의 비밀은?

1179년~1183년: 다이라씨 정권 탄생

기요모리는
황실 출신?

다이라씨는 미나모토씨源氏와 더불어 무력으로 원에 중용되어 조정에 봉사했지만, 호겐과 헤이지平治의 난으로 미나모토씨가 쇠퇴하면서 다이라씨의 기둥인 다이라노 기요모리가 급속히 세력을 확장했다. 조정의 고위 관직을 독점한 다이라씨는 1179년 고시라카와 법황을 유폐하고 쿠데타를 결행해 다이라씨 정권을 수립했다.

다이라씨는 기요모리의 조부 마사모리正盛가 시라카와 상황에게 영지를 바치고 원의 신하로 발탁되면서 조정 내에서 두각을 나타냈다. 마사모리는 추포사追捕使로 명성을 떨쳤고 아들 다다모리忠盛도 해적 토벌로 용맹을 떨쳐 시라카와 상황의 측근이 되었다.

다다모리는 그 후 도바 상황의 총애를 받아 무사로는 이례적으로 승진을 거듭했다. 기요모리는 부친과 조부의 유산을 이어 호겐과 헤이지의 난에서 승리해 고시라카와 법황 휘하에서 구게公卿에 취임해 불과 몇 년 만에 종 1위 태정대신 지위에까지 올랐다. 믿어지지 않을 정도로 빠르게 승진한 것이다. 여기에는 이유가 있었다. 사실 기요모리는 다다모리의 아들이 아니라 시라카와 상황의 핏줄이었다. 다다모리는 상황에게 여자를 하사받았는데 그녀는 상황의 아이를 잉태하고 있었다. 다다모리는 알면서도 그녀를 받아들였고 태어난 기요모리를 자기 아들로 삼았다. 그래서 귀족 사회도 황실의 피를 이은 기요모리의 이례적 승진에 이의를 제기할 수 없었다.

빈틈이 없는
다이라씨의 지배

최고 관직에 오른 기요모리는 다이라씨 일문을 고관으로 발탁했다. 그 결과 구게가 16명, 덴조비토殿上人가 30여 명에 달해 "다이라씨가 아니면 사람이 아니다"라는 말이 나돌 정도였다. 또 다이라씨 가문의 지교코쿠知行國(조정으로부터 받은 지역)는 30여 개가 넘었고 장원도 500개 이상이었다. 일본의 절반 이상이 다이라씨 영지로 다이라씨는 확고한 경제적 기반을 확보했다. 게다가 당시 송과 적극적으로 무역해 막대한 부를 수중에 넣었다.

기요모리는 셋칸가와 마찬가지로 딸 도쿠코德子를 다카쿠라高倉 천황과 결혼시켜 염원의 황자(후의 안도쿠安德 천황)가 태어나자마자 황태자로 삼았다. 1178년 황태자가 제위에 오르자 외척으로서 권력을 휘둘렀다. 동시에 셋칸가의 반감을 피하려고 딸 쇼코盛子를 간파쿠 모토자네의 처로 보냈다.

다이라씨는 조정에서의 성공에 강하게 집착해 무사적 성격이 약해지고 귀족화되었다. 지방 무사와의 유대도 약해졌다. 기요모리는 이를 보완하기 위해 각국 장원과 국아령國衙領 지토地頭의 임면권을 획득해 기나이와 서일본 무사들을 지토로 임명하면서 조직화했으나 가마쿠라 바쿠후처럼 철저하지 못했으므로 지쇼治承·주에이壽永의 난에서 미나모토씨에 패배했다. 불과 몇 년 만에 다이라씨 정권은 붕괴했다.

다이라씨가
멸망한 원인은?

1180년~1189년: 겐페이 전쟁

다이라씨의 계속된
독재가 화를 불렀다

1180년부터 약 10년이나 끈 겐페이源平 전쟁은 연호를 따서 지쇼·주에이의 난으로 불린다. 다이라노 기요모리가 이끄는 다이라씨 일문은 조정의 고위 관직을 독점하고 당시 일본 국토의 절반을 넘게 소유하는 등 독재정치를 강행했다. 여기에 불만을 품은 미나모토노 요리마사源賴政는 교토에서 모치히토以仁왕(고시라카와 법황의 아들)을 받들고 다이라씨 타도를 명분으로 군사를 일으켰다. 이로써 유명한 겐페이 전쟁이 시작되었다.

모치히토 왕은 곧 우지가와宇治川에서 피살되지만 다이라씨 토벌의 영지를 받고 전국에 흩어져 있던 미나모토씨 일족은 일제히 봉기했다. 내란은 전국으로 확대되었다. 다이라씨는 도다이사에 불을 지르고 후쿠하라福原 천도를 강행하는 등 무모한 정책을 거듭해 사원 세력과 귀족을 적으로 만들었다. 1181년 기요모리가 갑자기 사망하자 정권은 크게 동요했다.

요시나카 토벌에서 다이라씨 멸망까지

한편 미나모토씨 일족의 주도권 싸움에서 가마쿠라의 미나모토노 요리토모源賴朝와 기소木曾의 미나모토노 요시나카源義仲가 승리했다. 이리하여 전국적으로 기나이에 세력을 둔 다이라씨, 호쿠리쿠北陸를 평정한 미나모토노 요시나카, 도코쿠東國를 통일한 미나모토노 요리토모, 도호쿠東北에 군림한 후지와라노 히데히라藤原秀衡 4강이 팽팽히 대립했다.

이 균형을 깬 이가 미나모토노 요시나카다. 요시나카는 다이라씨의 대군을 구리카라俱利加羅 고개에서 격파하고 교토로 진격해 다이라씨를 사이고쿠로 밀어냈다.

그 후 요시나카는 부하들이 교토에서 횡포를 부려 귀족들의 반감을 사서 추방당할 위기에 놓인다. 그러자 요시나카는 고시라카와 법황을 유폐하는 쿠데타를 감행해 실권을 탈취했다. 법황은 요리토모에게 구원을 요청했으나 도코쿠를 떠나고 싶지 않았던 요리토모는 동생 요시쓰네義經와 노리요리範賴를 파견했다. 요시쓰네 군대에게 여지없이 패한 요시나카는 현재의 시가현인 오미노쿠니近江國 아와즈粟津에서 사망했다.

요시쓰네와 노리요리 군대는 법황의 명령으로 다이라씨 토벌에 나섰다. 요시쓰네는 기병의 집단 전법을 교묘히 구사해 이치노타니一ノ谷에서 다이라씨를 거의 궤멸했다. 본거지 야시마屋島까지 빼앗긴 다이라씨는 1185년 단노우라壇ノ浦에서 최후를 맞았다.

실각한 요시쓰네와 오슈 후지와라씨의 멸망

고시라카와 법황은 천재적 군략가 요시쓰네를 자기편으로 끌어들여 요리토모를 견제하려 했으나 실패하고, 요리토모의 슈고守護, 지토地頭를 설치하라는 요구를 받아들일 수밖에 없었다. 실각한 요시쓰네는 오슈奧州의 후지와라노 히데히라秀衡의 보호를 받았다. 히데히라가 죽자 요시쓰네는 그의 존재를 거북하게 여긴 히데히라의 아들 야스히라泰衡에게 피살되었다. 그러나 오슈 후지와라씨도 요시쓰네를 거두었다는 죄목으로 1189년 멸망당했다. 이로써 요리토모는 전국을 평정했다.

장려한 히라이즈미 문화가
싹튼 배경은?

1100년 전후~1189년: 히라이즈미 문화

후지와라노 기요히라가 세운
문화

데와出羽의 호족이 일으킨 후삼년後三年의 난이 끝나고 무쓰의 장관이던 미나모토노 요시이에源義家가 칙명을 받고 도호쿠를 떠나자, 기요하라노 기요히라清原清衡가 고쿠시國司를 누르고 새로이 실권을 장악했다. 그는 기타카미가와北上川와 고로모가와가 합류하는 히라이즈미를 거점으로 삼았다.

도호쿠 지역에는 예부터 에미시의 2대 수장으로 아베씨安倍氏와 기요하라씨清原氏가 군림하고 있었다. 기요하라노 기요히라는 아베

2장 율령국가의 탄생

노 요리토키安倍賴時의 외손자이자 기요하라노 다케노리清原武則의 양자로, 혈통으로도 도호쿠 지역 왕이 되기에 충분한 자격을 갖추고 있었다.

기요히라는 스스로 후지와라노 기요히라라 칭하고 조정에서 버림받은 도호쿠에 교토를 압도할 정도의 문화를 이룩했다. 이것이 오슈 히라이즈미平泉 문화다.

"무쓰산에는 금꽃이 핀다"라는 말처럼 도호쿠는 예부터 금 산지로 유명했다. 조정이 중국 무역의 결제를 오슈의 금으로 할 정도로 산출량이 많았다. 탁월한 정치가인 기요히라는 선조처럼 무력으로 조정에 저항하지 않고 간파쿠 후지와라노 모로자네에게 오슈의 명마를 바치는 등 실력자를 잘 구슬려 오슈 지배를 묵인받았다. 그 결과 도호쿠의 금은 조정에 착취당하지 않고 기요히라의 것이 되었다.

독실한 불교도인 기요히라는 풍부한 황금을 대사원 창건에 아낌없이 사용했다. 주손사中尊寺가 그것이다. 탑 40개, 방사坊舍 300개라는 방대한 건물군은 완성까지 20년 이상 걸렸다.

초호화 주손사
금색당

주손사의 압권은 금색당이다. 금색당은 세 칸짜리 작은 건물인데 네 벽부터 지붕까지 모두 금박을 했다. 나전과 유리로 장식한 수미단에는 33체 황금불이 안치되어 있으며 칠

보로 장식한 기둥이 주위를 둘러싸고 있다. 나전 공예에 쓰인 조개는 멀리 오키나와의 심해에서 얻은 야광 조개이고 수미단을 장식한 상아는 아프리카산 상아다. 믿어지지 않을 만큼 호화로우며 현존하는 히라이즈미 문화 최고의 건축물이다.

그 후 오슈 후지와라씨는 모토히라基衡, 히데히라로 이어진다. 모두 뛰어난 인물로, 조정과 적절한 거리를 유지하면서 오슈에 후지와라 왕국을 존속시켰다. 모토히라는 교토의 호류사를 모방한 광대한 무쓰사毛越寺를, 히데히라는 우지의 뵤도인을 본뜬 무량광원無量光院을 창건했다고 전해지며, 히라이즈미 문화가 더욱 발전하는 데 공헌했다.

3대에 걸쳐 100년간 계속된 후지와라 왕국은 4대 야스히라 대에 도고쿠에서 내습한 미나모토노 요리토모군에게 어이없이 패하며 붕괴한다. 땅끝에서 발달한 고도의 불교문화는 아주 잠깐 빛을 발하고는 금색당만 남기고 아스라이 사라졌다. 오슈 후지와라씨 3대의 미라는 지금도 주손사 금색당 수미단 밑에 안치되어 있다.

후지와라쿄는 책을 보고 만든 대실패작?

후지와라쿄藤原京는 694년 지토持統 천황이 세운 곳으로 일본에서는 처음으로 중국제를 모방한 본격적인 황성이다. 규모는 지금까지 교토대학교 기시 도시오岸俊男 교수가 주장한 남북 3.2킬로미터, 동서 2.1킬로미터로 헤이조쿄의 3분의 1 규모라는 것이 정설이었다. 그러나 계속된 발굴 조사에서 역외에까지 도로와 건물이 계속되는 점에서 헤이조쿄와 같은 규모라는 '대후지와라쿄설'이 세력을 얻어왔다. 그런데 1996년 5월 더 외곽인 나라현 가시하라시 도바에서 후지와라쿄와 같은 폭의 대로와 택지 유적이 발견되어 후지와라쿄의 추정 규모는 더욱 커져 후지와라쿄가 헤이조쿄와 헤이안쿄보다 더 거대한 규모였다는 것이 판명되었다.

후지와라쿄는 17년 만에 버림을 받았다. 조정이 헤이조쿄로 돌아갔다. 중앙집권 정책을 펼친 결과 관원 수가 늘어 도시가 좁아 그랬을 것이라고 짐작되어 왔으나 1996년 발견으로 이 해석은 부정되었다. 그렇다면 왜 17년 만에 후지와라쿄를 포기했을까?

긴키대학교 오와키 기요시大脇潔 조교수의 설이 흥미롭다. 후지와라쿄가 세워질 당시 견당사가 중단되었다. 그래서 중국의 고서《주례周禮》를 참고해 도시를 설계했는데 그 후 장안의 도시 구조가《주례》와 다르다는 것이 알려지자 포기했을 거라는 주장이다. 사실 후지와라쿄는 당의 어느 도시와도 닮지 않았으며《주례》의 기술과 흡사하다고 볼 수 있다.

3장

무사가
주도하는 시대

가마쿠라 바쿠후 탄생에서
무로마치 시대까지

중세 10대 사건

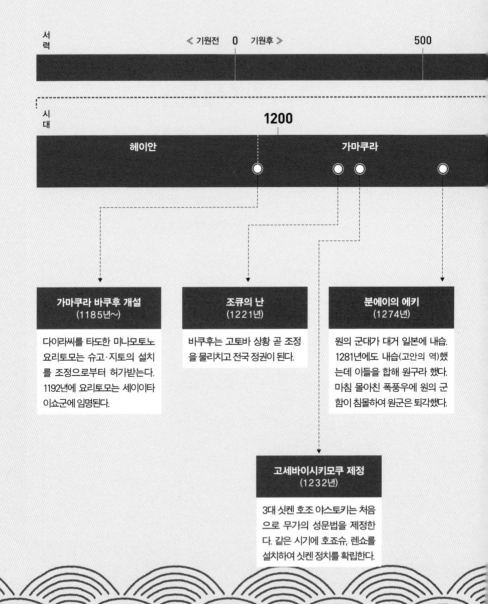

| 서력 | 기원전 0 기원후 ≫ | 500 |

시대

1200

헤이안 　　　　　 가마쿠라

가마쿠라 바쿠후 개설
(1185년~)

다이라씨를 타도한 미나모토노 요리토모는 슈고·지토의 설치를 조정으로부터 허가받는다. 1192년에 요리토모는 세이이타이쇼군에 임명된다.

조큐의 난
(1221년)

바쿠후는 고토바 상황 곧 조정을 물리치고 전국 정권이 된다.

분에이의 에키
(1274년)

원의 군대가 대거 일본에 내습. 1281년에도 내습(고안의 역)했는데 이들을 합해 원구라 했다. 마침 몰아친 폭풍우에 원의 군함이 침몰하여 원군은 퇴각했다.

고세바이시키모쿠 제정
(1232년)

3대 싯켄 호조 야스토키는 처음으로 무가의 성문법을 제정한다. 같은 시기에 효조슈, 렌쇼를 설치하여 싯켄 정치를 확립한다.

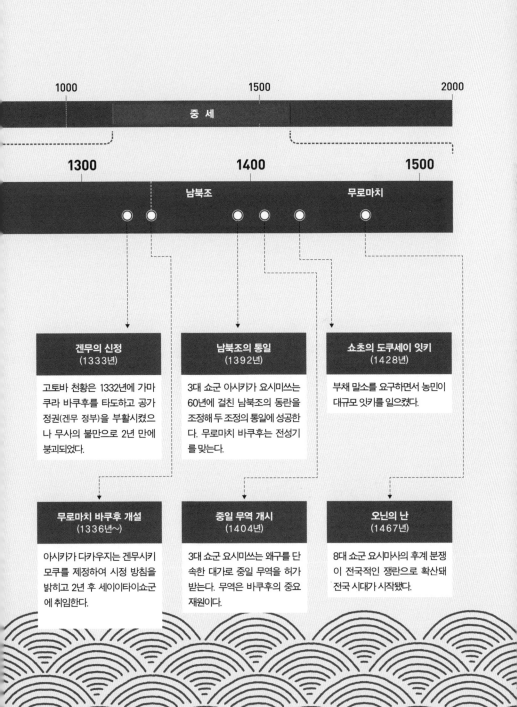

1000   1500   2000

중 세

1300   1400   1500

남북조   무로마치

겐무의 신정
(1333년)

고토바 천황은 1332년에 가마쿠라 바쿠후를 타도하고 공가 정권(겐무 정부)을 부활시켰으나 무사의 불만으로 2년 만에 붕괴되었다.

남북조의 통일
(1392년)

3대 쇼군 아시카가 요시미쓰는 60년에 걸친 남북조의 동란을 조정해 두 조정의 통일에 성공한다. 무로마치 바쿠후는 전성기를 맞는다.

쇼초의 도쿠세이 잇키
(1428년)

부채 말소를 요구하면서 농민이 대규모 잇키를 일으켰다.

무로마치 바쿠후 개설
(1336년~)

아시카가 다카우지는 겐무시키모쿠를 제정하여 시정 방침을 밝히고 2년 후 세이이타이쇼군에 취임한다.

중일 무역 개시
(1404년)

3대 쇼군 요시미쓰는 왜구를 단속한 대가로 중일 무역을 허가받는다. 무역은 바쿠후의 중요 재원이다.

오닌의 난
(1467년)

8대 쇼군 요시마사의 후계 분쟁이 전국적인 쟁란으로 확산돼 전국 시대가 시작됐다.

무사가 주도하고
서민이 대두하다

시대의 주역은
공가에서 무사로

이전 시대 주인공이 공가公家나 귀족이
라면 중세의 주역은 무사다. 이제까지 공가의 번견番犬으로 살아온
무사는 드디어 자신이 가지고 있는 무력에 주목했다. 힘을 가진 자
신들이 왜 유약한 공가가 하라는 대로 했을까? 그러한 단순한 의문
과 불만에서 무사들의 반항이 시작되었다.

12세기 말 미나모토노 요리토모가 가마쿠라鎌倉에 바쿠후를 창
건하면서 무가 정권이 본격적으로 시작되었다. 한때 공가 정권인 겐

무建武 정권이 부활했지만 곧 붕괴하고 무로마치室町 바쿠후와 전국시대를 거쳐 에도江戶 바쿠후로 이어져 1868년 메이지유신을 맞이하기까지 약 700년에 걸쳐 무사가 일본 정계를 주도했다.

대두하는 서민을
제압한 무사

무로마치 시대가 후기에 접어들면 새로운 계층의 힘이 커지기 시작한다. 새로운 계층은 곧 농민이나 상공업자들로, 요즘의 서민계급이다. 농민은 지배계급(무사)에 대한 자위 수단으로 스스로 법률을 만들어 마을을 자치적으로 운영하고 무사의 비열한 간섭에는 무력 봉기를 일으켜 단호히 저항했다.

같은 시기 사카이堺나 하카다博多 같은 자유도시가 출현한다. 도시는 명나라와 무역으로 이익을 얻은 상인들이 운영했다. 도시 주위에는 깊은 호를 팠다. 무사의 간섭을 결코 허락하지 않았는데 무사가 습격하면 거액을 모아 용병을 고용해 그들을 몰아냈다. 도시 내부는 전쟁이 없는 낙원이었다.

일향종一向宗 신도도 지나이마치寺內町라는 도시를 형성해 부처 아래 평등한 사회를 만들어냈다. 무사가 간섭해 올 때는 마찬가지로 봉기를 일으켜 강하게 반발했다. 그렇지만 이러한 서민 세력의 신장도 센고쿠 다이묘戰國大名가 출현하면서 억제되었다. 예를 들면 오다 노부나가織田信長는 자유도시 사카이를 굴복시켜 직할지로 삼았고 잇코잇키一向一揆를 철저히 탄압했다.

모처럼 역사의 전면으로 떠오르던 서민은 결국 무사의 힘 앞에 굴복하고 말았다. 서민이 주인공 자리에 앉기까지는 300년을 더 기다려야 했다.

가마쿠라 바쿠후는
언제 탄생했나?

1180년~1192년: 가마쿠라 바쿠후

**바쿠후 성립 연도에는
여러 설이 있다**

"가마쿠라 바쿠후는 1192년에 생겼다."
일본인은 일반 상식만으로 이와 같이 즉각 대답하는 사람이 많다.
그러나 상식은 일단 의심해 보아야 한다. 정설로 되어 있는 1192년
바쿠후 성립은 고시라카와 법황이 사망한 1192년에 미나모토노 요
리토모가 조정으로부터 세이이타이쇼군에 임명된 사실을 근거로
한다. 그런데 이 설은 역사학자들 사이에서는 이제 소수 의견이 되
었다.

가마쿠라 바쿠후는 12세기 말 간토의 가마쿠라를 근거로 하는 무사가 탄생시킨 군사정권이다. 하지만 바쿠후가 언제 정식으로 성립됐는지에 대해서는 크게 여섯 가지 설이 있다. 여러 가설을 열거해보자.

① 1180년 설 = 미나모토노 요리토모가 가마쿠라에 사무라이 도코로侍所를 설치하고 간토 남부를 지배했다.

② 1183년 설 = 요리토모, 조정으로부터 도고쿠東國 지배를 승인받았다.

③ 1184년 설 = 요리토모, 공문소公文所와 문주소問注所를 설치해 바쿠후의 기구를 정비했다.

④ 1185년 설 = 요리토모, 슈고와 지토의 임면권을 획득했다.

⑤ 1190년 설 = 요리토모, 우근위대장右近衛大將에 임명되었다.

⑥ 1192년 설 = 요리토모, 세이이타이쇼군에 임명되었다.

언제부터
정권 탄생이라고 할 수 있나?

바쿠후라는 말은 중국에서 왔다. 출정 중인 장군의 진영을 가리키는 바쿠후는 일본에서는 근위대장의 거처를 말한다. 그러나 가마쿠라 바쿠후라고 할 때는 보통 미나모토노 요리토모가 세운 군사정권을 지칭한다. 정권의 탄생이라는 의미에서 바쿠후 성립을 생각할 때 ⑤와 ⑥은 적당하지 않다.

가마쿠라 바쿠후의 기반인 고케닌(요리토모의 신하)은 요리토모(쇼군)와 '은혜와 보답'이라는 관계로 이어져 있다. 이를 봉건적 주종제라고 했다.

고케닌은 요리토모에 군역이나 경제적 원조를 하고 그 대가로 슈고와 지토 같은 지방 관리로 선임되었다. 슈고는 고쿠國의 군사·경찰권을 위임받은 직책이며, 지토는 국아령이나 장원에서 토지 관리나 연공 징수, 치안 유지를 담당하는 직책이다.

요리토모가 조정으로부터 전국의 슈고와 지토 임면권을 얻은 때는 1185년이다. 즉 ①, ②, ③설 단계의 바쿠후는 단지 도고쿠의 지방권에 불과하다. 고케닌을 고쿠에 슈고나 지토로 파견하면서부터 바쿠후의 정치력은 전국에 미친다. 그러므로 현재 ④설을 바쿠후 성립으로 보는 견해가 유력하다.

미나모토씨에서
싯켄 호조씨로

1203년~1333년: 가마쿠라 시대의 권력자 추이

순식간에 실권을 장악한
호조 도키마사

가마쿠라 바쿠후를 개창한 미나모토노 요리토모는 절대 권력자로 도고쿠 무사 위에 군림했다. 그런데 바로 그 요리토모가 1199년 사망한다. 사인은 낙마라고 전해지는데 바쿠후의 정사正史《아즈마카가미吾妻鏡》에는 그의 죽음 전후 부분만 빠져 있다. 그의 최후는 숨겨야만 하는 이유가 있었던 듯하다. 암살설도 이전부터 있었다. 요리토모가 사망하자 권력은 순식간에 호조 가문으로 옮겨졌다. 이후 가마쿠라 바쿠후가 무너지기까지 약 130년 동안 호조씨가 실권을 장악했다.

요리토모 사후 2대 쇼군으로 취임한 이는 요리토모의 적자 요리이에賴家다. 그러나 즉위한 지 3개월 만에 독단과 전횡이 고케닌의 반감을 불러와 친정을 정지당하고 정치는 유력 고케닌 13명 합의제가 되었다. 이 13명 가운데 두각을 드러낸 이가 바로 요리이에의 외조부 호조 도키마사北條時政(요리토모의 처인 호조 마사코北條政子의 부친)다.

도키마사는 요리이에를 이토伊豆의 슈젠사修禪寺에 유폐해 살해하고, 요리이에의 동생 사네토모實朝를 쇼군으로 삼아 가지와라 가게토키梶原景時나 하타케야마 시게타다畠山重忠 같은 중신들을 물리치고 바쿠후의 실권을 장악했다. 하지만 사네토모를 폐하고 사위를 쇼군으로 삼으려던 계획이 딸 마사코와 아들 요시토키義時의 반발을 사서 실각했다. 도키마사는 시소侍所와 정소政所(공문소)의 별당別當(장관)을 겸했는데 이 지위를 '싯켄執權'이라 불렀다. 요시토키가 이를 계승해 아들인 야스토키泰時에게 전해졌다.

야스토키는 '고세이바이시키모쿠御成敗式目'를 제정하고 사법제도를 정비했다. 렌쇼連署라 부르는 싯켄의 보좌역을 두고 호조슈評定衆(유력 고케닌의 모임)를 설치해 합의 정치를 개시했다. 이것을 싯켄 정치라고 한다.

　　　　　　　1219년 사네토모가 암살당해 3대로 쇼
군 자리가 끊어지자 바쿠후는 교토의 셋칸가로부터 어린 후지와라
요리쓰네藤原賴經를 맞이해 쇼군으로 삼았다. 셋칸가 쇼군은 2대째
계속되었고(셋칸가 성씨를 따서) 후지와라 쇼군이라고 불렸다.

　그 후 바쿠후는 황족인 친왕을 쇼군으로 삼았다. 이후 바쿠후 멸
망까지 황족 쇼군은 4대째 계속되었으나 쇼군은 명목상 존재이고
실권은 호조씨가 장악했다. 호조씨 위세는 점점 강해졌다. 특히 도
쿠소케得宗家라 불리는 요시토키 본가가 절대적인 힘을 가졌다. 도
쿠소가는 5대 싯켄 도키요리, 8대 싯켄 도키무네時宗로 계승되어
9대 사다토키貞時에 이르러서는 쇼군의 특권인 '안도安堵(토지의 보
증)'의 권한마저 차지하고, 유력 고케닌 아다치 야스모리安達泰盛를
멸망시키고 도쿠소 전제정치를 시작했다.

　이 무렵(13세기 후반) 바쿠후의 요직과 슈고·지토의 절반 이상을
호조씨 가문에서 독점했다. 호조씨 독점체제는 고케닌의 불만을 심
화했고 바쿠후에 대한 충성심을 약화시켰다. 그 때문에 고다이고後
醍醐 천황이 바쿠후 타도 운동을 전개하자 가마쿠라 바쿠후는 쉽게
붕괴되었다(1333).

공가 중심 문화에서
무사의 히가시야마 문화로

12세기 말~16세기 중반: 중세 문화의 변천

아직 문화의 중심은
공가

가마쿠라 시대에서 무로마치 시대에 걸친 중세 문화는 크게 네 가지로 나눌 수 있다. 가마쿠라 문화, 남북조南北朝 문화, 기타야마北山 문화, 히가시야마東山 문화가 그것이다. 이 네 문화의 특징과 대표적인 작품을 살펴보자.

가마쿠라 문화는 12세기 중반부터 14세기 초까지의 문화를 일컫는다. 무가 정권이 탄생했다고 해도 여전히 문화 담당자는 귀족과 공가였다. 즉 무가는 아직 문화를 창조할 처지가 아니라 공가가 만든 문화를 받아들이는 상황이었다. 또 송이나 원 같은 중국 대륙의 영향을 많이 받은 것도 특징의 하나다.

문학에서는 군담소설軍記物語의 최고 걸작《헤이케 모노가타리平家物語》를 비와琵琶 법사가 썼고, 가모노 초메이鴨長明의《호조키方丈記》, 요시다 겐코吉田兼好의《쓰레즈레구사徒然草》같은 명수필이 탄생했다. 바쿠후의 정사인《아즈마카가미》, 지엔慈円의《구칸쇼愚管抄》같은 우수한 역사서가 탄생했다. 건축이나 조각에서도 도다이사 남대문, 엔카쿠사円覺寺 사리전舎利殿, 도다이사 금강역사상 등 수작이 만들어졌다.

▼ 중세의 문화

	가마쿠라 문화	남북조 문화	기타야마 문화	히가시야마 문화
	(12세기 말~14세기 초)	(14세기 초~14세기 후반)	(14세기 후반~15세기 초)	(15세기 초~16세기 중반)
특징	전통문화의 계승 발전, 무사서민의 참가, 송 문화의 영향.	공가 중심 최후의 문화, 전란 시대를 반영.	3대 쇼군 아시카가 요시미쓰의 시대, 공가와 무가의 융합 문화.	8대 쇼군 아시카가 요시마사의 시대, 와비·유겐·소박함이 기조, 무사가 주도.
작품	군담소설 《헤이케 모노가타리》 문학 《호조키》, 《쓰레즈레구사》	군담소설 《다이헤이키》 역사서 《진노쇼토키》	건축 킨카쿠사 노 《가덴쇼》	건축 긴카쿠사 정원 다이토쿠사 다이센원

남북조 문화는 가마쿠라 바쿠후가 붕괴되고 겐무 신정을 거쳐 남북조가 통일될 때까지, 전란의 시대에 개화한 문화다. 시대를 반영해 군담소설이나 역사서가 다수 쓰였다.

대표작으로는 남북조 동란을 묘사한 《다이헤이키太平記》나 기타바타케 지카후사北畠親房의 《진노쇼토키神皇正統記》, 《마스카가미增鏡》, 《바이쇼론梅松論》 등이 있다.

공가와 무가의 문화를 융합한 기타야마 문화

로쿠온사鹿苑寺 금각金閣으로 상징되는 기타야마 문화는 교토의 기타야마에 저택을 지은 3대 쇼군 아시카가 요시미쓰足利義滿의 치세에 개화했기 때문에 이러한 이름이 붙었다. 공가식 침전寢殿 건축과 무가적 선종 양식을 절충해 지은 것이 킨카쿠사金閣寺다.

이 건물이 보여주는 것처럼 기타야마 문화는 공가와 무가의 융합 문화다. 대표적 예술을 하나 든다면 '노能'다. 요시미쓰의 보호를 받아 간아미觀阿彌·제아미世阿彌 부자는 사루노가쿠猿能樂를 집대성했다. 특히 제아미는 《가덴쇼花傳書》를 남겼다.

히가시야마 문화는
'와비'와 '유겐'이 특징!

8대 쇼군 아시카가 요시마사足利義政는 요시미쓰를 흉내 내 교토의 히가시야마에 별장을 지었다. 저택에 긴카쿠銀閣나 서원 양식床の間(현관과 영창, 다다미가 있는 가장 흔한 구조)의 도쿠도도진사이東求堂同仁齋를 세웠는데 그곳이 '와비侘び'와 '유겐幽玄'을 기조로 하는 문화의 중심지가 되었기 때문에 이 문화를 히가시야마 문화라고 한다.

이 문화의 주역은 무사이며 그들이 선호하던 선禪의 정신이 짙게 반영되어 있다. 특히 다이토쿠사大德寺의 다이센원大仙院 정원이나 료안사龍安寺의 석정石庭 등 돌과 모래로 자연을 표현한 가레산스이枯山水 정원은 훌륭하다. 이 시대에는 서민 문화도 싹트기 시작해 렌가連歌·고타小歌·고조루리古淨瑠璃 들이 유행했다.

염불로
구원받을 수 있다?

12세기 후반~13세기 후반: 가마쿠라 6불교의 이해 ①

겐페이 전쟁, 조큐의 난뿐 아니라 자연재해나 기근이 빈발한 헤이안 시대 말기부터 가마쿠라 시대 초기, 서민들은 현세의 불안이나 고통에서 벗어나기 위해 신불神佛에 의지하려 했다. 그러나 불교는 당시 귀족을 위한 신앙이었으며 서민에게 구원의 손길을 뻗치는 종파는 많지 않았다. 그러한 시대 분위기에서 적극적으로 서민의 요구에 응해 그들을 구원하려는 승려 여섯 명이 거의 비슷한 시기에 출현했다. 호넨法然·신란親鸞·잇펜一遍·니치렌日蓮·에이사이榮西·도겐道元이 바로 그들이다.

그들이 말하는 바는 각기 달랐지만 어느 쪽이든 엄격한 수행이 필요하지 않은 '이행易行'에 특징이 있으며, 인간은 오로지 하나를 노력하는 '전수專修'만으로 구원받을 수 있다고 주장했다. 이후 그들이 일으킨 종파를 일괄해 가마쿠라 6불교라 불렀다. 정토종淨土宗·정토진종淨土眞宗·시종時宗 3종파는 '나무아미타불(염불)'에 의한 극락왕생을 주장했다.

정토종 헤이안 시대 말기에 호넨이 시작했으며, 교토의 가르침이 귀족이나 무사들뿐 아니라 서민에게도 급속히 퍼졌다. 호넨은 미마사카노쿠니美作國 오카야마岡山현 태생으로, 젊었을 때부터 히에이산比叡山에 올라 천태종天台宗을 학습했다. 처음부터 두각을 나타내 '최고 지혜'이라고 칭송될 정도였다. 하산해 여러 종파를 연구한 뒤 "염불을 외면 사람은 구제된다"라는 전수염불專修念佛에 도달했다.

정토종에는 고시라카와 법황이나 구조 가네자네九條兼實 같은 조정의 요인도 귀의했으나, 호넨의 주장이 히에이산 엔랴쿠사延曆寺나 고후쿠사興福寺로부터 미움을 받았기 때문에 1207년 염불은 금지되고 호넨은 토사土佐로 유배되었다. 1211년 교토로 소환되었으나 이듬해 80세로 죽음을 맞이했다.

정토진종 개창자 신란은 호넨의 제자다. 호넨이 유배되었을 때 신란도 에치고노쿠니越後國로 유배되었다. 신란은 교토의 하급 귀족 자제로 태어났다. 청년 시절에는 히에이산에서 수행에 힘썼으나 천태종의 가르침에 불만을 느끼고 산을 내려와 호넨 문하에 들어갔다.

신란은 유배지인 에치고에서 자기 신념을 기초로 아내를 맞아들이고 아들을 낳았다. 사면된 뒤에도 교토로 돌아가지 않고 간토 지방에서 자신이 터득한 가르침을 포교했다. 신란은 한 번이라도 마음 깊이 염불을 외우면 인간은 반드시 구제된다고 했다. 특히 스스로 악인이라고 자각하는 인간이야말로 아미타불이 솔선해 구제해 줄 것이라고 주장했다. 이 가르침은 급속히 파급되었다. 신란은 그럴 뜻이 없었던 듯하나 그 교의가 정토진종이라는 일파를 낳았다.

시종 13세기 후반에 등장한 잇펜은 염불에 의한 일체의 구제를 주장했다. 용염불踊念佛을 하며 전국을 걸어서 돌아 포교 대상을 하층계급으로까지 넓혔다. 잇펜은 신자에게 염불왕생의 증거로 '염불패念佛札'를 주었는데 그 수가 200만을 가볍게 넘었다. 죽음의 순간 잇펜은 자기 저작물을 전부 불살랐다고 한다.

3장 무사가 주도하는 시대

가마쿠라 시대에
개화한 선

12세기 후반~13세기 후반: 가마쿠라 6불교의 이해 ②

가마쿠라 6불교 가운데 임제종臨濟宗과 조동종曹洞宗 두 종파는 송나라에서 도입된 선종禪宗으로, 자력으로 깨달음을 얻는 것을 주안점으로 삼았다. 임제종이 좌선하면서 공안公案(스승에게서 받은 어려운문제)을 깨달아 열반에 도달하려 한 데 반해, 조동종은 좌선 자체를중시해 "단지 일념으로 좌선하라只管打坐"라고 가르쳤다.

임제종 창시자는 에이사이이다. 에이사이는 빗추노쿠니備中國(오카야마현) 사람으로, 역시 젊은 시절에 히에이산에서 수행했고 이후 두번 정도 송나라로 건너가 선禪을 깊이 연구해 선종 일파를 열었다.

에이사이는 운 좋게 호조 마사코라는 가마쿠라 바쿠후 요인에게 귀의를 얻었다. 그 덕에 임제종은 바쿠후의 보호를 받으며 비약적으로 발전했다.

조동종 시조 도겐은 내대신 미나모토노 미치치카源通親와 태정대신 후지와라노 모토후사藤原基房의 딸 사이에서 태어났다. 이처럼 고귀한 출신인데도 출가해 히에이산으로 들어갔다. 수행 도중 도겐은 "천태종에서는 사람은 모두 부처라고 하는데, 왜 사람이 수행해야만 하는가"라는 의문에 맞닥뜨렸고 송나라로 건너가 선에서 그 답을 찾았다. 귀국 후 히에이산의 거듭되는 박해를 받으면서도 포교를 계속해 많은 신자를 얻었다. 도겐은 싯켄 호조 도키요리北條時賴의 부름을 받지만 거절하고, 권력에 영합하지 않고 호쿠리쿠 지방으로 내려가 에이뵤사永平寺를 창건해 이곳을 평생 포교 거점으로 삼았다.

일련종 니치렌日蓮은 아와노쿠니安房國(치바현)에서 태어난 무사의 아들이라고 전해진다. 니치렌은 불문에 들어가 각지를 돌아다니며 수행했다. 천태종의 중심 경전인 법화경法華經을 깨달아 "이것이야말로 최대의 가르침이다!"라며 즉각 귀의했다. 니치렌은 가마쿠라로 가서 "법화경을 믿고 '남무묘법연화경南無妙法蓮華經'을 외우면 인간은 살아서 부처가 될 수 있으며, 한 나라의 인간 모두가 법화경을 신봉하면 그 나라는 정토淨土가 될 것이다"라고 설법을 하면서 다른 종파를 맹렬하게 공격하고 비난했다.

동시에 싯켄 호조 도키요리에게 자신이 저술한《입정안국론立正安
國論》을 제출했는데, 니치렌은 이 저서에서 염불을 그치지 않으면
다른 나라의 침입을 받는다고 주장했다. 이 같은 배타적인 언동이
다른 종파의 반감을 사서 니치렌은 이토伊豆와 사도佐渡 등으로 유
배되지만 끝까지 소신을 굽히지 않았다. 만년에는 가이노쿠니甲斐國
미노부산身廷山에서 은거했다.

가마쿠라 6불교는 무로마치 시대에 비약적으로 발전했고 에도
시대에 이르러 서민 불교로 정착했다.

도다이사 재건에 사용된 건축양식은?

12세기 말~14세기 초: 가마쿠라 시대의 건축

도다이사는 한 노인의 정열로 재건되었다

1180년 12월 다이라노 시게히라平重衡가 남도南都에 불을 질러 나라 시대에 창건한 도다이사가 불타서 재가 되었다. 조정은 곧 재건하려 했지만 겐페이 전쟁이 한창이라 조정 권위가 땅에 떨어져 계획대로 진행되지 않았다. 그러던 중 도다이사 부흥에 정력을 기울인 노인이 있었다. 권진직勸進職에 임명된 초겐重源이라는 승려다. 당시 그는 61세의 노인이었는데 여생을 도다이사 재건 사업에 바쳤다. 초겐은 일찍이 세 번이나 송나라에 가서 사원 건축의 최신 기술을 습득했고, 그만큼 재건에는 안성맞춤인 인물이었다.

초겐은 일단 자금을 조달하기 위해 노구를 이끌고 전국을 걸어서 돌아다니며 기금을 모았다. 그 후 대불을 주조하기 위해 송나라의 진화경陳和卿을 초청하고 자신은 대불전이나 남대문 같은 가람伽藍 건립에 착수했다. 그는 목재를 구하려고 스오周防(야마구치현)의 깊은 산속까지 찾아가 40미터나 되는 큰 나무를 잘라내 나라로 운송했다.

단기간에 대규모 가람을 재건하기 위해 초겐은 송의 건축양식을 거듭 연구해 대불양大佛樣이라는 완전히 새로운 기법을 사용했다. 재료의 규격을 몇 가지로 통일하고 그것들을 조합해 간단히 건축할 수 있게 한 것이다. 예를 들면 도다이사 남대문은 겨우 다섯 가지 부품이 전체의 80퍼센트를 차지한다. 이렇게 해서 도다이사는 1195년 훌륭히 재건되었고 고토바 상황, 미나모토노 요리토모 같은 권력자도 참석해 낙성 공양을 성대히 올렸다.

가마쿠라 시대의 다양한 건축양식

그러나 대불양식은 거칠고 지나치게 단순해 일본인의 감성에 맞지 않았으며 이후 쇠퇴했다. 오히려 사람들이 좋아한 것은 선종양禪宗樣 또는 당양唐樣이라고 불리는, 송에서 전래된 양식이다. 이는 세세한 부분까지 맵시 있게 고안하고 장식이 풍부한 공법으로, 급경사 지붕, 가도마도花頭窓와 산카라도棧唐戶가 특징이다. 엔카쿠사円覺寺 사리전이 대표적 건축물이다.

한편 헤이안 시대부터 계속되어 온 일본식 건축도 한층 세련되어 이 양식으로 건축된 33간당間堂은 부드럽고 우아한 모습을 하고 있다. 일본식 건물 가운데 간신사觀心寺 금당처럼 대불양식과 선종 양식의 장점을 받아들인 건축물도 등장해 절충양이라고 불렸다.

이처럼 가마쿠라 시대는 송나라에서 도입된 새로운 건축양식과 일본 양식이 경합하다가 결국 융합하는 시대이기도 했다.

3장 무사가 주도하는 시대

조각의 황금기를
맞이하다

1185년~1223년: 가마쿠라 시대의 조각

가마쿠라
조각의 완성자

가마쿠라 시대는 일본 조각사에서 최전
성기로, 이때 활약한 중심 불사佛師가 운케이運慶와 가이케이快慶다.
운케이와 가이케이는 헤이안 중기의 대불사 조초定朝의 계통을 이
어받았다. 조초는 특유의 우아하고 아름다운 일본 양식을 확립하고
요세기즈쿠리寄木造를 고안해 불상을 대량 생산할 수 있게 한 인물
이다.

그는 호조사法城寺나 뵤도인 봉황당鳳凰堂의 불상을 직접 제작한

공로로 높은 지위를 하사받아 그때까지 경시되었던 불사의 지위를 드높였다. 조초의 아들 가쿠스케覺助는 나라에 거점을 두었는데 이 일파가 고케이康慶 때에 이르러 '경파慶派'라 불리게 된다. 고케이의 아들이 운케이이며 고케이의 제자가 가이케이다. 지금은 유명한 경파지만 실은 조초에서 분리해 교토에 거점을 두었던 '원파院派'와 '원파円派'에 주류 자리를 빼앗긴 채 경파는 줄곧 음지에서 명맥을 이어왔다.

요리토모 마음에 든
경파

그러한 경파를 중용한 것이 미나모토노 요리토모와 조겐이다. 요리토모는 새로운 사원의 불상 제작에 경파를 채용했다. 경파의 사실적 작품 경향이 요리토모의 기질에 맞았다든지, 교토의 불사가 미나모토씨의 조복調伏(불력으로 악마를 항복시킴)용 불상을 만드는 것을 꺼려해 그들을 채용하지 않았다든지 하는 설이 있는데 어쨌든 경파는 갑자기 각광을 받았다.

이에 박차를 가한 것이 조겐이다. 가이케이와 가까운 사이인 조겐은 도다이사를 재건하면서 경파에게 불상 제작을 의뢰했다. 경파의 작품으로 가장 유명한 것이 바로 운케이와 가이케이가 합작한 도다이사 금강역사상이다. 8미터가 넘는 거대한 상 두 개를 부하 18명을 지휘해 70일 만에 완성했다. 역사상의 분노한 표정, 근육의

약동감은 그야말로 압권이어서 지금도 도다이사 남대문을 지나는 사람들은 역사상에서 눈을 떼지 못한다.

일본 역사의
조각 전성시대?

그런데 운케이와 가이케이는 같은 경파이면서도 대조적인 수법으로 작품을 제작했다. 운케이는 덴표 조각의 사실성을 도입해 불상을 인간답고 남성적으로 제작하는 것이 특기이고, 가이케이는 헤이안 시대 일본양식에 중국 송의 수법을 도입해 여성적이고 이지적인 작품을 많이 제작했다. 운케이의 대표작은 고후쿠사興福寺의 무차쿠無著·세신조世親像이며 가이케이의 대표작은 도다이사의 하치만八幡 신상이다.

운케이와 가이케이가 등장하면서 조각계가 활기를 띠어 가마쿠라 시대에 잇따라 걸작이 탄생했다. 그러나 안타깝게도 무로마치 시대에 들어서면서 불상 제작은 언급할 만한 작품이 적다. 그러한 의미에서도 가마쿠라 시기는 조각의 황금시대라고 할 수 있다.

미나모토노 요리토모
죽음의 진실

1199년 1월 13일, 미나모토노 요리토모는 53년 생애를 마감했다. 그런데 그의 사인은 확실히 알 수 없다. 가마쿠라 바쿠후의 정사 《아즈마카가미》에 그 상황이 기재되어 있지 않기 때문이다. 요리토모 죽음을 전후한 3년간 기록이 누락되어 있다. 게다가 당시 고문서에도 사인을 확실하게 전하는 기록이 거의 보이지 않는다.

그의 죽음으로부터 비교적 가까운 시기의 기록으로 고노에 이에자네近衛家實의 《저외관백기 猪愚關白記》가 있는데 여기에는 당뇨병이 원인이라고 기록되어 있다. 또 그가 사망하고 14년 후 기록인 《아즈마카가미》의 한 항목에 사가미가와相模川의 교각 공양을 하고 돌아오는 길에 낙마해 즉사했다고 몇 줄 정도 쓰여 있다. 그래서 말 위에서 뇌일혈을 일으켜 말에서 떨어진 것이 치명상이 되었다거나 낙마해 뇌일혈로 사망했다는 설이 나왔다.

좀 더 시대가 흐르면서 재미있는 이야기가 많이 나온다. 남북조시대 《보력간기保曆間記》에는 미나모토노 요시쓰네나 다이라가의 원령에게 저주를 받아 죽었다고 했다. 에도 시대 《진속잡록眞俗雜錄》은 여자를 만나기 위해 여장하고 외출하는 요리토모를 첩자로 오인해 가신이 칼로 베어 죽였다고 했다. 부인 호조 마사코에게 잘못해 살해되었다거나 요리토모를 존경하는 도쿠가와 이에야스德川家康가 낙마사라는 불명예를 감추려고 《아즈마카가미》의 기술을 삭제했다는 설도 돌았다. 요리토모는 죽었어도 눈을 감을 수 없을 것이다.

중세는 무사의 전성기

무사는 헤이안 시대에 처음 등장했다. 장원의 개발 영주가 자기 토지를 외적이나 국사의 횡포로부터 지키기 위해 무장한 것이 시초다. 무사는 무력이 귀족의 주목을 받으면서 수도로 불려온다. 당시 귀족은 무사를 인간이 아니라 집 지키는 개 정도로 여겼다. 그러나 점차 무사가 자기 힘을 자각해 귀족을 압도하고 정권을 거머쥐는 시대가 온다.

무로마치 시대에 도키 요리토모土岐賴遠라는 무사가 있었다. 아시카가 다카우지足利尊氏를 따라 각지를 돌며 전쟁에 참여했고 1338년 미노 아오노가하라青野ヶ原 전투에서는 적장 기타바타케 아키이에北

　　　　　　　　　　3장 무사가 주도하는 시대

畠顯家가 서쪽으로 진출하는 것을 저지했다. 요리토모는 그 후 미노 쿠니美濃國 슈고에 임명되었으며, 전국 시대에 사이토 도산齋藤道三 에게 빼앗길 때까지 도키 일족이 미노를 지배했다.

그런데 요리토모가 수도 대로에서 고겐光嚴 상황의 수레와 마주 쳤을 때 "인院의 행차시다"라는 소리를 듣고도 길을 양보하지 않고 "인院이라는 거야, 이누라는 거야. 이누라면 쏴버려"라는 폭언을 내 뱉고 수레에 화살을 날렸다고 한다(《다이헤이키太平記》).

그 죄로 요리토모는 처형되었지만 일찍이 귀족에게 개처럼 취급 당하던 무사가 수도에서 귀족의 꼭대기에 있는 상황을 개라고 부르 다니 사회의 변화는 정말로 눈부시다.

고토바 상황의 고집이
무사 정권을 세웠다?

1221년: 조큐의 난

**쇼군가 단절을 기회로
원선을 냈지만**

1202년, 고토바後鳥羽 상황은 본격적으
로 원정院政을 시작했다. 이후 조정의 복권을 노려 여러 가지 정책을
단행했다. 고토바 상황이 이렇게 할 수 있었던 것은 군사력을 보유
했기 때문이다. 황실 장원莊園을 수중에 거두어들인 상황은 경제력
을 바탕으로 사이고쿠西國의 무사와 고케닌들을 '북면北面의 무사'
와 새로이 '서면西面의 무사(원의 서쪽에서 경비를 담당하는 무사단)'로
조직했다. 상황은 지기 싫어하는 성격에 무예를 좋아했다. 도적을

체포하는 현장에서 손수 도적의 팔을 비틀어 눌렀다는 전설이 있을 정도다.

1219년 쇼군 사네토모가 가마쿠라에서 암살되었다. 이로써 미나모토씨 쇼군의 혈통은 3대에서 단절되었다. 호조 요시토키가 바쿠후의 실권을 장악했다고는 해도 쇼군이 있어야 호조씨가 있는 것이고, 도고쿠의 무사 모두가 호조씨에게 충심으로 복종하는 것도 아니었다.

"지금 치면 바쿠후는 붕괴한다"라고 판단한 고토바 상황은 바쿠후를 토벌하기 위해 병력을 일으키기로 결의했다. 1221년 주도면밀하게 준비를 마친 뒤 호조 요시토키 토벌을 위한 명령을 전국에 하달했다. 그렇지만 이것이야말로 오판이었다.

연기력이 발군(?)인
호조 마사코

기나이 고케닌이나 사이고쿠 무사가 조정 편에 서긴 했지만, 도고쿠 무사는 누구도 상황의 부름에 응하지 않았다. 물론 가마쿠라의 고케닌들도 명령을 받고 상당히 혼란스러워했다. 이때 무사들의 동요를 누르고 그들을 일치단결시킨 여성이 있었다. 요리토모의 부인으로 여장군이라고 불리던 호조 마사코다. 그녀는 고케닌들을 전부 집결시킨 뒤 다음과 같이 열변을 토했다.

"조정으로부터 줄곧 차별받고 착취당해 온 무사들을 현재 지위로 끌어올린 자가 누구인가. 요리토모가 아니던가. 바로 지금 그 은혜에 보답해야 한다. 조정에 따르려는 자가 있다면 만류하지는 않겠다. 다만 교토로 향할 때는 먼저 나를 죽이고 가라."

눈물로 호소하자 감동받은 고케닌들은 결속을 다지고 대군으로 수도를 공격해 조정군을 격파했다.

한편 고토바 상황은 곧 바쿠후가 붕괴될 것이라고 얕보았다가 대거 상경한 바쿠후군에게 싱겁게 패하고 말았다. 고토바 상황은 체포되어 오키隱岐로 유배되었다가 1239년 그곳에서 사망했다. 이 전쟁을 '조큐承久의 난'이라고 한다. 전란 결과 조정과 바쿠후라는 공公·무武 이원 정치가 종말을 고하고 무가의 전국 정권이 확립되었다.

무사의, 무사를 위한 법

1221년~19세기 중반: 고세바이시키모쿠

**무사의 기준은
무엇?**

　　　　　무가 사회의 도덕이나 관습은 공가 사회
의 그것과는 다른 경우가 많다. 예전부터 무사들은 '율령격식' 같은
공가를 위한 법이 아니라, 자신들의 판결 기준에 따라 재판을 해왔
다. 이 기준을 '도리'라거나 '선례'라고 한다.

　　미나모토노 요리토모가 가마쿠라 바쿠후를 개창하고도 고케닌들
의 쟁론이나 분쟁 처리는 이 기준에 따라 판결되었다. 1221년 조큐
의 난 승리로 바쿠후가 전국정권이 된 후 싯켄 호조 야스토키는 지

배 체제를 재정비하기 시작했다.

무가를 위한
법률 등장

바쿠후에 소송 요구가 급증해 공평한 재판 기준 설치가 시급했다. 1232년 도리나 선례를 정돈해 무가의 성문법인 전문 51개조의 '고세바이시키모쿠御成敗式目(조에이시키모쿠永貞式目)'를 제정했다. 물론 적용 범주는 바쿠후 지배지와 고케닌에 한정되었다. 이후 이것이 무가의 근본 법전이 되었다.

그로부터 약 100년 후인 1336년 무로마치 바쿠후를 창설한 아시카가 다카우지足利尊氏도 야스토키를 본받아 '겐무시키모쿠建武式目' 17개조를 제정했다. 내용은 앞으로 시정 방침의 표명이었을 뿐 새로운 무가 법도라 할 만한 것은 아니었다. 무로마치 시대 이후에도 바쿠후가 재판 기준으로 삼은 것은 역시 고세바이시키모쿠였다.

다이묘마다
법률을 만들었다!

오닌應仁의 난을 거쳐 전국 시대에 돌입하면서 각지에서 센고쿠 다이묘戰國大名가 일어나 군웅이 할거하는 시대를 맞이한다. 센고쿠 다이묘가 영국領國을 경영할 때 무리를 통제하거나 영지를 통치하려면 당연히 법률이 필요했다. 이것이 '분국법分國法'이다. 내용은 다이묘에 따라 상당히 다르지만 농민의 도망 금지 같은 영지 유지에 관한 조항, 분쟁 당사자를 모두 처벌하는 엄벌주의, 혼인에 대한 간섭 같은 통제 등이 공통적이다.

분국법에도 고세바이시키모쿠가 짙게 반영되어 있으며 에도 바쿠후가 제정한 1615년 '무가제법도武家諸法度'에도 고세바이시키모쿠의 영향이 남아 있다. 고세바이시키모쿠가 얼마나 오랫동안 무사들에게 존중되어왔는지 알 수 있다.

처음 경험한 외세, 원구

1274년~1281년: 원구

집단전과 대포에 고전한
바쿠후군

　　12세기 후반 몽골 고원에 나타난 칭기즈칸은 고원을 평정하고 기마병을 몰아 서쪽으로, 서쪽으로 팽창해 유럽까지 판도를 확장하고 몽골대제국을 건설했다. 그 손자 쿠빌라이Khubilai는 중국으로 진출해 수도를 베이징으로 옮기고 나라 이름을 '원元'으로 정했다. 원은 남송을 압박하면서 고려를 정복하고 일본에까지 손을 뻗쳤다.

　　당시 싯켄인 호조 도키무네北條時宗는 거듭되는 원의 복속 요구를 거절했다. 쿠빌라이는 무력 침공을 결정하고 1274년 한반도를 통해 3만 대군을 파견했다. 원 병력은 쓰시마對馬, 이키壹岐를 거쳐 하카타만博多灣에 상륙했다.

당시 무사는 일대일 기마전을 전투의 기본으로 했는데 몽골인은 집단전법으로 공격해 고전을 면치 못했다. 또 철구鐵球에 화약을 채운 '대포'라는 무기가 꽹음을 내며 터져 무사들의 간을 졸이고 전의를 감퇴시켰다. 저녁 무렵 원 군대는 야간 기습을 경계해 배에 탔는데 밤에 폭풍우가 거칠게 몰아쳐 배가 모두 침몰해 버렸다. 이리하여 쿠빌라이의 일본 원정은 실패로 끝났다. 이를 '분에이文永의 에키役'라고 한다.

14만 대군이 밀려오다

그러나 쿠빌라이는 일본을 포기하지 않았다. 다음 해에도 가마쿠라에 복속을 권고하는 사신으로 두세충杜世忠을 파견했다. 도키무네는 그를 처형하고 항전 결의를 더욱 굳혀 고케닌에게 규슈 방비를 강화시켰다.

쿠빌라이는 1281년 14만 대군을 일본으로 파견했다(고안弘安의 역). 그러나 고케닌들은 과감하게 원군에게 도전했다. 주저한 원 군대는 해상에서 밤을 보냈는데 거짓말처럼 그날 밤 태풍이 불어와 배가 대부분 전복되고 하룻밤 사이에 10만 명 이상이 물거품처럼 사라져 버렸다. 이리하여 일본은 또 한 번 날씨의 도움으로 침략을 면했다. 이 분에이·고안의 역을 합해 원구元寇라고 한다.

이 사건 이래 일본은 신국神國이며 무슨 일이 생기면 가미카제神風가 불어 구해준다는 불패신앙不敗信仰이 탄생했다. 그 후 쿠빌라이는 다시 일본 출정을 계획했으나 아시아 여러 나라에서 반란이 잇따라 실행에 옮기지 못하고 병사했다.

한편 원구는 방어 전쟁이었기 때문에 바쿠후는 고케닌에게 충분히 보상할 수 없었다. 오히려 많은 고케닌이 전비를 거액 부담하다 보니 빈곤해졌다. 바쿠후에 대한 불만으로 바쿠후 타도 운동에 가담하는 자도 생겼다.

가마쿠라 바쿠후는
왜 무너졌나?

1324년~1333년: 겐무 정부 성립 ①

고다이고 천황은
슈퍼맨?

　　　　　　　1272년 이래 황실은 지묘인계持明院統와 다이카쿠지계大覺寺統로 분열해 천황의 지위를 다투어 왔다. 보다 못한 가마쿠라 바쿠후는 1317년 번갈아 천황을 내도록 조정했다. 이것이 '분보文保의 화담和談'이다.

　다음 해 다이카쿠지계인 고다이고 천황이 즉위했다. 고다이고 천황은 천황의 친정이야말로 국정의 바른 모습이라 생각하고 바쿠후 타도를 계획했으나 1324년 그 계획이 발각되었다. 천황은 처벌을 면했으나 측근 여럿이 유배형에 처해졌다(쇼추正中의 변).

천황은 단념하지 않고 1331년 다시 바쿠후 타도를 꿈꾼다. 당시 고케닌은 화폐경제 침투로 가난해졌다. 이것이 도쿠소得宗 전제정치에 대한 불만으로 발전해 바쿠후 안에서 소용돌이쳤는데 고다이고 천황은 그러한 사실을 잘 알고 있었다. 그러나 계획은 측근의 밀고로 다시 좌절되고(겐코元弘의 변) 천황은 교토를 탈출해 가사기산笠置山에서 거병했지만 결국 체포되어 오키隱岐(시마네현)로 유배되었다.

구스노키 마사시게의 분투가 바쿠후를 무너뜨렸다?

그런데 천황이 체포된 뒤에도 바쿠후에 반기를 들고 고군분투하고 있는 이가 있었다. 가와치河內(오사카부大阪府)의 '악당惡黨(바쿠후에 속하지 않은 신흥 무사를 말함)'인 구스노키 마사시게楠木正成였다. 마사시게는 이즈미和泉와 가와치를 중심으로 게릴라전을 전개하며 바쿠후 수뇌부를 계속 괴롭혔다. 그렇지만 마사시게도 1332년 결국 치하야성千早城으로 밀려났다.

《다이헤이키》에 따르면 구스노키 마사시게에게는 막대한 현상금이 걸렸는데 놀랍게도 100만 대군이 마사시게의 목을 찾아 치하야성으로 몰려왔다고 한다. 구스노기 세력은 겨우 1,000명이었다. 그러나 치하야성은 끝내 함락되지 않았다. 허수아비를 미끼로 적을 유인해 위에서 큰 돌을 떨어뜨리거나 끓는 물과 분뇨를 끼얹거나 횃

불을 던지거나 기름을 끼얹는 등 당시로서는 기상천외한 전법을 구사하며 진입할 틈을 주지 않았다.

마사시게가 분전하는 사이 고다이고 천황은 유배지 오키를 탈출해 각 국에 바쿠후 타도를 명하는 윤지綸旨(명령서)를 보내어 거병을 호소했다. 그 결과 각지에서 유력 무사가 반기를 들어 형세가 역전됨으로써 바쿠후 붕괴로 이어졌다. 고다이고 천황의 강인한 의지와 구스노키 마사시게라는 이름 없는 한 '악당'의 고집이 결국 시대를 움직였다.

바쿠후를
타도한 이들은?

1324년~1333년: 겐무 정부 성립 ②

계산이 빠른
아시카가 다카우지

　　　　　　　　앞에서 반석처럼 튼튼해 보이는 바쿠후를 무너뜨리려 한 고다이고 천황의 집념과 구스노키 마사시게의 분투가 역사의 흐름을 크게 바꾸었다고 했다. 그러나 실제 무력으로 바쿠후를 타도한 이들은 아시카가 다카우지足利尊氏와 닛타 요시사다新田義貞다.

　　다카우지와 요시사다는 세와 겐지淸和源氏의 적류嫡流인 미나모토노 요시쿠니源義國에서 갈라져 나온 동족이다. 영지도 아시카가씨가

시모노쓰케노쿠니下野國 아시카가장足利庄(도치기현 아시카가시), 닛
타씨가 고즈케쿠니上野國 닛타장新田庄(군마현 닛타군)으로 서로 인접
해 있었다. 그렇지만 호조씨와 인척 관계인 아시카가씨 쪽이 바쿠후
에게 우대받았다.

그런데도 1333년 바쿠후 측 대장으로 병력을 이끌고 교토에 진
입한 다카우지는 고다이고 천황의 밀칙을 받고 천황 편이 되어 로
쿠하라탄다이六波羅探題(조큐의 난 이후 교토에 둔 바쿠후의 정무기관)에
난입해 바쿠후를 멸망시켰다.

다카우지가 배반한 이유로 부친 상중喪中에 출진을 명령받아 분
개했다거나 천하를 얻으라는 선조의 유언이 있었다는 등 여러 가지
설이 있지만 혼란을 틈타 호조씨를 타도하고 뒤이어 천하를 장악하
려는 것이 그의 본심이었을 것이다.

가마쿠라를 무너뜨린
닛타 요시사다

한편 닛타 요시사다는 마사시게의 치하
야성을 공격하다가 역시 고다이고 천황 측의 밀서를 받고 전선을
이탈해 고향으로 돌아가 이쿠시나묘진生品明神에서 바쿠후를 타도
하기 위한 병사를 일으켰다. 마침 다카우지가 로쿠하라탄다이를 함
락한 때였다.

가마쿠라를 목표로 삼은 요시사다 휘하에 무사가 많이 모여들면

서 군대는 비탈을 구르는 눈덩이처럼 급속히 커졌다. 이들은 대군이 되어 바쿠후 병력을 격파하면서 가마쿠라 가까이까지 진군했다. 그러나 삼면이 산으로 둘러싸여 있고 바다를 배후로 한 가마쿠라의 입지는 닛타군의 침입을 허락하지 않았다. 당황한 요시사다는 결국 바다 쪽에서 적진을 향해 상륙하기로 했다.

《다이헤이키》에는 이나무라가사키稻村ヶ崎에서 요시사다가 황금 칼을 바다에 던지고 용신龍神에게 기도하자 갑자기 바닷물이 밀려가고 육지가 나타나 닛타군이 이곳을 건너 가마쿠라로 진격했다고 기록되어 있다. 물론 요시사다가 썰물을 예상하고 연출했겠지만 어쨌든 장수들을 크게 고무했으리라는 점은 충분히 상상할 수 있다.

닛타군의 방화로 가마쿠라 거리가 불타는 가운데 호조씨 일족 870여 명은 도쇼사東勝寺에서 집단 자결했다. 이것으로 가마쿠라 바쿠후의 150년 역사는 막을 내렸다. 바쿠후를 직접 타도한 아시카가 다카우지와 닛타 요시사다는 서로 적대 관계가 된다.

2년 만에 끝난
겐무 신정

1333년~1335년: 겐무 신정

**천황의 완벽한
독재 정권이 등장하다**

　　　　　　　1333년 가마쿠라 바쿠후를 타도하고 무
가로부터 정권을 탈취한 고다이고 천황은 천황 친정을 이상으로 삼
아 강력한 리더십을 발휘하며 독재정치를 실시했다. 신정부에는 기
록소記錄所 · 은상방恩賞方 · 무샤도코로武者所 등 행정기관이 설치되
었으나 주요 사항의 결정이나 은상恩賞에 관해서는 고다이고 천황
이 직접 결재했다. 소령所領에 관한 문제도 처음에는 천황이 처리하
는 전제專制의 양상을 보였다. '윤지綸늡'라고 칭해지는 문서 형식으

로 발포되는 천황의 명령은 효력이 절대적이었다.

그러나 천황의 "짐이 새로이 행하는 것은 미래의 선례가 되어야 한다"라는 말에서도 알 수 있듯이, 지나치게 전통이나 관습을 무시하고 정치 쇄신을 서둘렀기 때문에 심각한 역효과가 나고 말았다. 특히 새로운 정권에 대한 무사의 실망과 불만이 날로 커져갔다.

무사 경시해
불만 속출

무가 정권이 무너지고 확실하게 공가 정권이 부활했다. 그러나 그것은 아시카가 다카우지나 닛타 요시사다 같은 무사들의 힘이 있었기 때문에 비로소 가능했다. 그런데도 천황은 그 사실을 경시하고 바쿠후 타도의 은상을 공가에게만 후하게 내리고 무사들은 소홀히 대했다. 더구나 150년 이상 계속된 무사 중심의 사회적 관습을 전혀 고려하지 않았다.

그 때문에 새로운 정권이 수립된 지 채 1년도 지나지 않아 각지에서 무사 반란이 잇따라 일어났다. 무사들은 무가 정권의 부흥을 염원하며 아시카가 다카우지 휘하로 결집했다. 초조해진 천황은 독재 체제에 더욱 박차를 가했는데, 이로써 정치적 혼란이 점점 심해졌다.

3장 무사가 주도하는 시대

아시카가 다카우지의 반란

"요즘 수도에서 유행하는 것. 야습, 강도, 거짓 명령, 죄수, 파발, 헛소동, 사람의 목, 환속, 자유 출가, 벼락 다이묘, 미신·안도安堵·은상·쓸데없는 전투……."

이상은 가모가와鴨川의 니조카와하라二條河原에 누군가가 내건 낙서(정치 비판서)의 일부다. 결국 이러한 것들이 원인이 되어 1335년 아시카가 다카우지는 반란을 일으켜 정권을 탈취하고 다음 해 무로마치 바쿠후를 창설했다. 고다이고 천황의 겐무 정권은 겨우 2년 만에 붕괴했다.

177

남북조 동란이
60년이나 지속된 이유는?

1336년~1392년: 남북조 시대

교토의 북조,
끈질긴 요시노의 남조

고다이고 천황에게 패한 아시카가 다카우지는 1336년 규슈에서 재기해 천황의 군대를 격파하고 교토를 점령했다. 그리고 고묘光明 천황을 옹립해 무로마치 바쿠후, 북조北朝를 창립했다.

한편 고다이고 천황은 일단 다카우지와 강화를 맺고 요시노吉野(나라현)로 탈주해 남조南朝를 일으켰다. 이리하여 일본에 두 조정(천황)이 병립하는 전대미문의 '남북조 시대'가 시작되었다. 이후 바쿠후(북조)와 남조는 전국에서 격렬하게 대립했다. 그러다 닛타 요시사다나 기타바타케 아키이에北畠顯家 같은 남조의 무장들이 전사하고 1339년에는 고다이고 천황이 사망했다. 더구나 뒤를 이은 고무라카미後村上 천황은 12세 소년이었기 때문에 남조 세력은 급속히 약화되었다. 그러나 남조는 멸망하지 않았다.

당시 무사 사회는 분할상속에서 단독상속으로 이행하는 시기였다. 따라서 적자와 서자 사이의 상속 분쟁이 격화되어 한쪽이 북조에 서면 다른 쪽은 남조에 가담하는 상황이 벌어짐으로써 남조가 명맥을 유지할 수 있었다. 그러나 1348년 남조는 바쿠후군에 크게 패해 풍전등화가 되었다.

내분 틈타
부활하는 남조

1350년 무로마치 바쿠후에 내란, 즉 간노觀應의 소란이 일어난다. 전국 정권을 지향하는 급진파(다카우지와 집사 고노 모로나오高師直)와 가마쿠라 바쿠후를 이상으로 하는 점진파(다카우지의 동생 다다요시直義와 양자 다다후유直冬) 사이에 갈등이 생겨 결국 적대 관계에 돌입한 것이다.

다카우지와 다다요시는 서로 견제하기 위해 일단 각각 남조와 화해했다. 내란은 고노 모로나오가 다다요시에게 살해되면서 정점에 달했다가 다카우지가 다다요시를 독살함으로써 일단락되었다. 그러

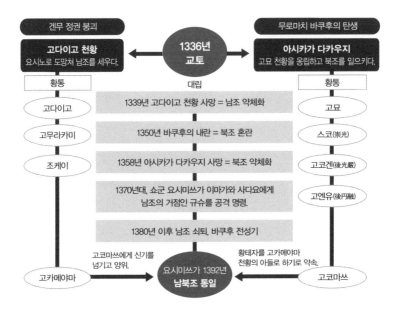

나 이 사이에 남조는 세력을 키워 교토에 종종 난입하다 결국 교토
를 점령했다. 1358년 다카우지가 사망하고 적자인 요시아키라義詮
가 2대 쇼군이 되고 난 후인 1361년에도 (남조 측이) 수도를 다시 빼
앗았다. 그러나 1368년 요시미쓰가 3대 쇼군이 되자 이마가와 사다
요今川貞世의 활약으로 남조의 중심 세력지 규슈를 평정했다.

남조의 황위는 고무라카미 천황에서 조케이長慶 천황, 이어
1383년 고카메야마後龜山 천황이 계승했으나 남조 세력은 이미 쇠
퇴하고 있었다.

1392년 쇼군 아시카가 요시미쓰는 남북조 통일을 남조 측에 타

진했다. 조건은 고카메야마 천황이 북조의 고코마쓰後小松 천황에게 천황 지위를 양보하는 대신 남조 측 황자를 황태자로 삼는다는 것이다. 고카메야마 천황은 이를 승낙하고 교토로 귀환해 고코마쓰 천황에게 신기神器를 넘기고 퇴위했다. 이리하여 60년 남짓 계속된 남북조 동란은 드디어 종결되었다.

기타야마 문화를 낳은
아시카가 요시미쓰

1336년~1573년: 무로마치 바쿠후의 15대 쇼군상 ①

250년간 쇼군이
15명이나 출현하다

무로마치 바쿠후는 1573년 붕괴하기까지 약 250년간 계속되었는데 그동안 쇼군이 15명 출현했다. 다카우지의 뒤를 이어 2대 쇼군이 된 요시아키라 치세에는 남조 세력이 아직 강성해 몇 번이나 교토를 빼앗기는 등 바쿠후 정치가 안정되지 못했다. 결국 요시아키라는 남북조 동란 와중에 생애를 마감했다.

3대 쇼군 요시미쓰는 15세에 쇼군이 되었다. 후견자 호소가와 요리유키細川賴之를 물리치고 독재 체제를 구축해 야마나 우지키요山名

氏淸, 오우치 요시히로大內義弘 등 유력한 슈고 다이묘守護大名를 정벌
했다. 요시미쓰는 1392년 남북조 통일에 성공해 무로마치 바쿠후의
전성기를 이루었다. 명나라와 무역을 개시해 바쿠후의 재정 기반도
안정시켰다.

요시미쓰는 출가한 뒤 교토 기타야마北山(킨카쿠사를 포함)로 이주
했는데, 이곳이 기타야마 문화의 발상지가 되었다. 만년에 다시 조
정의 실권을 장악하고 차남 요시쓰구義嗣에게 황위를 잇게 하려 했
으나 뜻을 이루지 못하고 사망했다.

부친 요시미쓰에게 반감이 있던 4대 쇼군 요시모치義持는 부친이
죽자 조정이 요시미쓰에게 내리는 존호尊號를 사양하고 조공 형식
으로 하던 명나라와의 무역도 굴욕적이라며 중지시켰다. 1423년 요
시모치는 아들인 요시카즈義量에게 쇼군직을 이양했으나 두주불사
였던 요시카즈는 건강을 해쳐 19세에 요절했다. 다시 요시모치가
정무를 담당했으나 3년 후 자신도 43세로 사망했다.

제비뽑기로 결정된
행운의 쇼군

요시모치가 후계자를 결정하지 못하고
죽자 차기 쇼군은 요시모치의 네 아들 가운데 제비뽑기로 결정했다.
행운의 당첨자인 쇼렌인青蓮院 승려 키엔은 이름을 요시노리義敎로
바꾸고 6대 쇼군으로 취임했다. 요시노리는 처음에는 중신에게 정

무를 위임했으나 곧 전제 체제를 이뤄 사소한 것으로도 뜻에 맞지 않는 귀족이나 다이묘를 숙청했다.

1439년에는 가마쿠라 구보公方 아시카가 모치우지足利持氏를 자살로 몰았다(에쿄永享의 난). 이러한 가혹한 숙청은 가신들로 하여금 끝없는 의심을 품게 해, 요시노리는 영지를 빼앗기고 살해될까 두려워한 하리마播磨 무장 아카마쓰 미쓰스케赤松滿祐에게 살해되었다.

검술이 뛰어났던
아시카가 요시테루

1336년~1573년: 무로마치 바쿠후의 15대 쇼군상 ②

오닌의 난은
무능한 쇼군이 초래했다!

　　　　　　요시노리가 아카마쓰 미쓰스케에게 살해당한 뒤 그의 장남 요시카쓰義勝가 7대 쇼군에 취임했으나 겨우 10세로 요절했다. 그러자 동생 요시마사가 뒤를 이어 13세로 8대 쇼군이 되었다. 그러나 정무 지식이 거의 없는 요시마사는 예술이나 오락에만 몰두하고 부인 히노 도미코日野富子의 횡포를 묵인했다. 그 결과 쇼군 후계자 분쟁인 '오닌應仁의 난'을 초래했다. 오닌의 난 이후 9대 쇼군으로 취임한 요시마사의 아들 요시히사義尙는 실추한 쇼군의 권위를 회복하고 어지러운 정치를 재건하려 했으나 25세로 요절하고 말았다.

10대 쇼군 요시타네義稙는 히노 도미코가 옹립했다. 그러나 도미코와 간레이管領 호소가와 마사모토細川政元와 대립해 교토 료안사龍安寺에 유폐되었다. 도미코는 호리고에 구보堀越公方 아시카가 마사토모足利政知의 아들 요시즈미義澄를 1494년 11대 쇼군으로 삼았다. 한편 엣추越中로 탈주한 요시타네는 1507년 엣추의 진보 나가키神保長誠와 야마구치山口의 오우치 요시즈미大內義興와 손을 잡고 오우치씨의 군병을 이끌고 상경해 요시즈미를 축출한 뒤 쇼군으로 복귀했다.

이름뿐인 쇼군

요시즈미는 그 후 교토 탈환을 도모했지만 이루지 못하고 오미강에서 사망했다. 그렇지만 요시타네 쪽도 간레이 호소가와 다카쿠니細川高國와 불화해 아와지노쿠니淡路國로 축출되었다. 요시타네는 쇼군에서 폐위되고 요시즈미의 아들 요시하루義晴가 12대 쇼군으로 취임했다. 하지만 이미 쇼군의 권위가 땅에 떨어진데다 슈고 다이묘의 세력 다툼으로 요시하루는 종종 수도에서 쫓겨나 전전하다 결국 사망했다.

13대 쇼군 요시테루義輝는 요시하루의 아들이다. 그는 병법을 배운 검술의 달인이었다. 매우 총명해 오다 노부나가織田信長, 우에스기 겐신上杉謙信, 다케다 신켄武田信玄 등 지방 다이묘와 친교를 맺고 다이묘 사이의 쟁론을 중재하며 관직을 하사하는 등 쇼군의 권위 부활을 꾀했다. 그러나 1565년 교토의 지배자인 마쓰나가 히사히데松永久秀의 급습을 받고 자살했다. 이때 요시테루는 혼자 적을 수십 명 참살하는 검술 능력을 발휘했다고 한다.

14대 쇼군 요시히데義榮는 마쓰나가 히사히데를 대신해 기나이의 지배자가 된 미요시산닌슈三好三人衆가 옹립한 꼭두각시로, 전혀 힘이 없는 인물이었다. 요시테루의 동생 요시아키義昭가 오다 노부나가에게 옹립되어 상경했을 때 요시히데는 아와阿波로 도주했다가 곧 병으로 사망했다.

노부나가의 도움을 받아 15대 쇼군이 된 요시아키는 바쿠후 재건을 목표로 의욕적으로 정무에 임했으나 노부나가가 행동을 제약함으로써 노부나가와 사이가 나빠졌다. 그는 다케다 신켄이나 모리 테루모토毛利輝元 등 여러 다이묘와 밀약을 주고받으며 노부나가 타도를 꾀했으나 실패했다. 1573년 요시아키는 노부나가에게 항복했고, 이로써 무로마치 바쿠후는 붕괴했다.

싯켄 호조 일가가
집단 자살한 저택의 흔적

1333년 5월 닛타 요시사다의 대군이 가마쿠라로 밀려 들어오자 싯켄 호조씨 일족은 고케닌을 이끌고 필사적으로 방어했으나 결국 대패해 가마쿠라를 점령당했다. 이 절망적인 상황에서 당주當主 다카토키高時의 저택에 모인 호조씨 일족은 저택 뒤쪽 도쇼사東勝寺에 들어가 870명이 집단 자살을 감행했다.

도쇼사 유적(가마쿠라시)인 '다카토키가 할복한 망루'라 불리는 장소에서 1997년 건물 흔적이 대규모로 발견되었다. 크기가 약 120제곱미터이고 기둥 자리가 29개 남아 있는데 이곳이 일족이 할복한 장소로 짐작된다.

같은 장소에서 출토된 도자기의 연대도 바쿠후 멸망 시기와 일치한다. 도자기에는 불탄 흔적도 있어 "건물은 불 질러져 타버렸다"는 《다이헤이키》의 기록과도 정확히 일치한다. 유골은 썩었는지 아쉽게도 발견할 수 없었지만 커다란 성과임이 틀림없다.

유골에 대해 덧붙이면 1953년 가마쿠라시 자이모쿠자材木座의 소나무 숲에서 910구가 넘는 인골이 발견되었는데 이들도 역시 닛타 요시사다 군대와 싸운 바쿠후 측 병사의 유골로 추정된다.

남북조 통일 후에도
교토로 돌아가지 않은 천황

1926년 천황이 한 명 더 추가되었다. 바로 남조 3대 조케이長慶 천황이다. 그전까지는 실제로 재위했는지 의문시되었지만 새로운 사료에서 재위가 확인되었다. 조케이 천황의 치세는 남조가 쇠퇴하는 시기였다. 조케이 천황은 동생 고카메야마後龜山 천황에게 양위하고 나서도 얼마 동안 실권을 쥐고 원정院政을 펼치면서 북조(바쿠후)에 저항하는 강경한 자세를 포기하지 않았다.

한편 고카메야마는 온건한 성격으로 북조와 화평을 추진해 남북조 통일을 이룬 뒤 일족과 신하를 이끌고 교토로 귀환한다.

이때 통일에 반대한 조케이는 교토로 귀환하지 않고 각지의 유

3장 무사가 주도하는 시대

신遺臣에게 호소해 남조를 부활시키려 한 듯하다. 하지만《대승원일기목록大乘院日記目錄》에 따르면 그로부터 2년 후 사망했다고 한다. 그런데 기이하게도 죽었다는 조케이 천황의 족적이 그 후에도 오랫동안 전국 곳곳에 남아 있다.

쿠지비키하치만궁櫛引八幡宮(아오모리현)에는 상황上皇의 투구·갑옷이, 아오모리현 아이마무라相馬村에는 능묘가, 아키타현에는 상황이 개발했다는 금산金山이, 세토산背戶山(야마나시현)과 후지요시다 시에 있는 신사에는 상황의 묘석이 있는 것처럼, 각지에 조케이 상황의 유물이나 전설이 있다.

이것은 아마도 남조 부흥을 꿈꾸던 유신들이 조케이를 부흥의 상징으로 삼기 위해 의도적으로 상황이 생존해 있다고 선전한 것이 아닐까 생각된다. 그러나 남조는 부흥하지 못했다.

간토인의 바람은?

939년~1603년: 간토 지배

| 정치 중심은
| 다시 서쪽으로

간토는 야마토 정권에 착취당한 지역 중 하나다. 939년 조정을 뒤흔든 다이라노 마사카도^{平將門}의 난은 그러한 간토인의 불만이 폭발한 결과였다. 이후 '간사이(조정)로부터 독립'은 줄곧 간토인의 바람이 되었다. 그 숙원은 다이라노 마사카도의 난 이후 250년이나 지난 뒤 가마쿠라 바쿠후의 창립으로 실현되었다.

그러나 가마쿠라 바쿠후를 타도한 아시카가 다카우지는 고민 끝에 무로마치 바쿠후를 교토(북조)에 두었다. 이로써 정권의 중심은 다시 간사이로 옮겨졌다. 다카우지는 바쿠후의 출장 기관으로 가마쿠라부鎌倉府를 설치하고 셋째 아들인 모우지基氏를 장관(가마쿠라 구보公方)으로 임명해 간토 지방의 지배를 맡겼다.

간토인은 가마쿠라부를 가마쿠라 바쿠후로 간주하고 무로마치 바쿠후로부터 독립하려 했다. 가마쿠라 구보는 점차 쇼군과 대립했으며 그것이 정점에 달한 것이 1438년의 '에이쿄永享의 난'이다. 가마쿠라 구보의 아들은 쇼군 면전에서 성인식을 치르고 쇼군으로부터 이름 한 글자를 하사받는 것이 관습이었다. 그런데 구보 모치우지持氏는 이를 무시하고 가마쿠라의 쓰루오카하치만궁鶴岡八幡宮에서 성인식을 올리려고 했다.

구보의 보좌역인 간토 간레이管領 우에스기 노리카네上杉憲實는 모치우지에게 충고했으나 오히려 모치우지는 노리카네 토벌을 계획한다. 이때 쇼군 요시노리義敎는 노리카네를 구원한다는 명목으로 간토에 대군을 파견해 가마쿠라부를 격파하고 모치우지를 자살로 몰아넣었다.

에이쿄의 난이 있은 후 모치우지의 아들 시게우지成氏는 고가古河(현재의 이바라키茨城)로 도망해 고가 구보古河公方를 자칭했으며 쇼군 요시노리도 동생 마사토모政知를 이토伊豆(호리고에 구보堀越公方)에 파견해 간토에는 구보가 두 명 병립한다. 게다가 간레이 우에스기씨도 분열해 각파가 뒤섞여 전쟁을 벌여 간토는 혼란에 빠졌다.

고호조씨가
간토 지배

　　　　　　　이 혼란을 틈탄 자가 고호조씨後北條氏였다. 초대 이세 나가우지伊勢長氏(호조 소운北條早雲)는 호리고에 구보를 멸망시켜 이토노쿠니伊豆國를 빼앗았다. 2대 우지쓰나氏綱는 우에스기씨 양가兩家를 압박해 사가미相模·무사시노쿠니武藏國를 평정했으며 3대 우지야스氏康는 간토 간레이 우에스기 노리마사上杉憲政를 에치고越後國로 추방했다. 그리고 혼인 정책으로 고가 구보를 흡수해 간토 대부분을 평정했다.

　고호조씨는 신흥 세력이므로 간토 지배에 신경을 써야 했다. 성씨를 이세伊勢에서 '호조北條'로 고친 것도 가마쿠라 바쿠후의 싯켄 호조씨를 상기시키려는 수단이었다. 다케다 신켄이나 오다 노부나가처럼 천하통일을 목표로 하지 않은 것도 간토 독립을 염원하는 간토인의 감정을 배려했기 때문이다. 그렇기 때문에 고호조씨는 5대 100년 동안 패권을 유지할 수 있었다. 그러나 고호조씨 정권 역시 1590년 간사이에서 공격해 온 도요토미 히데요시의 무력 앞에 굴복했다.

잇키의 배경이 된
소손 체제

14세기~15세기: 소손이란 무엇인가

**소손의 질서를
어지럽히면 '죽음'**

　　　　　　　　　　가마쿠라 시대 말기가 되면 기나이 주변
에 농민들의 자치 마을이 출현한다. 이것을 보통 '소손惣村'이라고
한다. 소손에서는 '일치단결'이 무엇보다도 중요하다. 따라서 마을
규칙을 정하고 위반자는 엄벌에 처했다.

　예를 들면 1504년 2월 14일 늦은 밤에 마을이 공유하는 녹말가
루를 도둑질한 미망인과 아들 두 명을 마을 사람들이 체포해 처형
했다. 이 이야기를 들은 영주 구조 마사모토九條政基는 '죽일 것까지

는 없지 않은가'라고 일기에 적었으나 비록 녹말가루일지라도 마을
의 질서와 결속을 어지럽힌 모자의 죄는 마을 사람들이 용납하기
어려운 배반이었다. 그 정도로 소손의 결속은 확고했다.

싫으면 도망쳐라?

소손은 반토番頭·사타닌沙汰人·어른乙
名·長이라고 불리는 리더(지자무라이地侍나 묘슈名主)로 구성된 미야
자宮座가 운영했다. 그러나 중요한 사항은 마을 사람 전원이 참가하
는 집회를 열어 최종 결정을 했다.

농민들이 이와 같이 자치 조직을 가지게 된 이유 중 하나는 영주
의 부당한 요구에 집단으로 대항하기 위해서였다. 영주에 대한 연
공年貢은 마을에서 일괄 납입하고 영주가 세금을 과하게 강요한다
든가 부당하게 농민을 착취하려고 하면 일치단결해 저항했다. 그 방
법은 주로 다음 세 가지다.

고소強訴: 전원이 영주의 거처로 몰려간다.
조산逃散: 경작을 포기하고 도망친다.
쓰치잇키土一揆: 무력 봉기한다.

3장 무사가 주도하는 시대

무력도 사용한
농민들

전란이나 범죄로부터 생명이나 재산을 지키는 것도 소손 형성의 중요한 요소였다. 마을 안에서는 마을 사람들이 경찰권을 행사해 범죄자를 체포하거나, 유랑자나 외지인을 감독했다. 전쟁으로 마을에 군대가 난입하면 무력으로 군대를 쫓아내는 일도 종종 있었다.

서민의 저력을 드러낸
쓰치잇키

15세기~19세기: 잇키의 역사

잇키의 종류는
몇 가지?

'잇키'라는 단어의 뜻은 원래 일치단결한다는 것이다. 그것이 무력으로 권력에 저항하고 자신들의 요구를 관철한다는 의미로 바뀌었다. 한마디로 잇키라고 해도 성격에 따라 다음 네 가지로 나뉘었다.

소손의 농민이 결속해 도쿠세이德政(부채를 소멸함)를 요구하는 것이 쓰치잇키, 고쿠닌國人(토착 무사)이 슈고로부터 일국一國의 지배권을 탈취하는 것이 구니잇키國一揆, 일향종一向宗의 신도가 거병한 것이 잇코잇키一向一揆, 에도 시대에 농민이 연공의 감면 등을 바쿠후나 번藩에 요구하며 봉기한 것이 햐쿠쇼잇키百姓一揆다.

일본에서 처음으로 발생한 대규모 쓰치잇키는 1428년 쇼초正長의 도쿠세이 잇키德政一揆다. 1428년은 기후가 불순해 흉작이 들고 기이한 역병까지 유행해 사람들은 극심한 빈곤에 시달렸다. 그런데 이러한 상황에서도 고리대업자들은 무정하게도 돈을 갚지 못하는 농민들에게서 토지를 빼앗았다. 당시 화폐경제가 농촌에까지 침투해 많은 농민이 토지를 담보로 고리대금업자들에게서 돈을 빌렸다.

시가에서 교토,
나라로 잇키 확산

모든 생존 수단을 잃은 농민들은 결국 도쿠세이를 주장하며 봉기한다. 오미쿠니近江國(시가현)에서 시작된 잇키는 즉시 확산되어 교토, 나라로 번져나갔다. 그들은 고리대업자의 집을 파괴하고 부채 증서를 파기했다. 잇키가 누그러질 기미가 보이지 않자 무로마치 바쿠후는 슈고 다이묘에게 진압을 명했다. 그러자 잇키 세력은 과감히 슈고에 맞섰다.

"천하의 농민이 이처럼 공권력에 반항하는 것은 유사 이래 처음이다."

고후쿠사興福寺의 진손尋尊은 경탄했다. 결국 바쿠후가 도쿠세이령을 내리지는 않았지만, 사원의 영지나 장원이 도쿠세이를 인정하

자 그제야 잇키는 잠잠해졌다.

현재 나라시 야규柳生 지역의 거석에는 지장불이 새겨져 있고 그 옆에는 "쇼초 원년(1428) 이후로는 간베神戸 네 개 향鄕(야규 주변)에 일체 빚이 있어서는 안 된다"라고 새겨져 있다. 이는 쇼초의 쓰치잇키에서 농민들이 영주로부터 도쿠세이를 얻어낸 것을 기념해 만든 비석이라고 전해진다.

왜구의 정체는?

14세기~16세기 후반: 왜구

**무로마치 바쿠후는
왜구 덕택에 윤택해졌다?**

왜구라는 단어는 '왜倭'와 '구寇'의 합성
어다. '왜'는 일본인, '구'는 대거 공격해오는 도적을 말한다. 14세기
조선이나 중국의 해안 지방 사람들은 배를 타고 와서 약탈을 거듭
하는 일본인 해적을 왜구라고 부르며 두려워했다.

왜구 가운데는 400~500척이나 되는 배에 1,000명이 넘는 병사
를 거느린 거대한 집단도 있을 정도였다. 민가에 난입해 곡식을 약
탈하고 남녀를 구별하지 않고 끌고 가서 노예로 혹사시키거나 팔아

버렸다. 고려(나중에는 조선)나 명 조정은 군대를 파견해 왜구 토벌을 기도했으나 언제 어디에서 나타날지 예측하기 어려워 진압하기가 힘들었다.

결국 명나라는 무로마치 바쿠후의 쇼군 아시카가 요시미쓰에게 왜구 단속을 의뢰하고 그 대가로 명과의 무역을 허가했다. 중일 무역은 조공(일본이 명에 신하로 복종) 형식을 취했으나 그 이익이 막대해 요시미쓰는 이를 받아들여 왜구를 엄하게 단속했다.

회유책으로 약화된 왜구

왜구는 대부분 규슈의 세 섬(쓰시마, 이키, 마쓰우라 지방)에 사는 주민이었다. 세 섬의 토지는 농업에 적합하지 않아 주민들은 대개 어업이나 무역으로 생계를 꾸렸다. 그런데 생활이 곤궁해지면 해적으로 돌변해 한반도와 대륙에서 약탈을 감행했다. 골치를 앓던 조선은 진압 정책과 회유정책을 동시에 폈다. 가난한 왜구에게 투항을 권유해 이에 응한 자에게는 의식주를 충분히 제공하고 관직까지도 하사했다. 이러한 노력으로 많은 왜구가 조선에 투항했으며 반항자들은 무력으로 제압하면서 왜구는 점차 사라졌다.

3장 무사가 주도하는 시대

밀무역을 한
후기 왜구

16세기 후반 왜구가 다시 등장한다. 왜
구는 동남아시아 섬들로까지 활동 해역을 확대하면서 약탈을 시작
했다. 이들을 후기 왜구라고 하는데 전기 왜구와 다른 점은 약탈에
더해 활발하게 밀무역을 했다는 것이다. 구성원도 대부분 중국인이
었다. 그러나 가장 세력이 컸던 왕직王直처럼 근거지를 규슈의 히라
도平戶·고토五島에 둔 집단이 많았던 듯하다.

그러나 밀무역을 엄하게 처벌하던 명나라가 1572년 법률을 완화
하고 도요토미 히데요시가 1588년 해적 금지령을 내려 왜구를 엄
금하자 점차 자취를 감추었다.

자유도시 사카이가
번영한 까닭은?

15세기~16세기: 중세의 도시

재력을 배경으로
자치를 이루다

오사카부 사카이堺시의 오사카만 인접 지역에 외국인 선교사에게서 "큰 특권과 자유를 누리며 공화국처럼 정치를 하고 있다"라고 칭송받은 '사카이'라는 도시가 있었다. 사카이는 중국이나 조선으로 가는 사절이 출발하던 곳이다. 그 후에는 어항으로 발전하다 무로마치 시대에 명일 무역이 개시되면서 무역항으로 성장한다.

사카이는 다른 도시들을 누르고 명일 무역의 독점권을 얻었으며 사카이 상인들은 명·조선·류큐琉球·안남安南·루손 등 해외로 진출해 대규모로 교역했다. 16세기에는 스페인이나 포르투갈과 무역 활동을 했다.

이리하여 사카이는 부와 사람이 집중해 전례 없는 번영을 누렸다. 사카이 상인들은 이러한 위세와 재력을 배경으로 도시 주위에 깊은 도랑을 파고 튼튼한 나무 문을 설치했다. 또 많은 낭인을 용병으로 고용해 자치를 하기 시작했다.

치안 안정에서 문화가 꽃피다

도시의 행정과 사법은 에고슈會合衆라 불리는 호상豪商 36명이 협의·운영해 슈고 다이묘 개입을 배제한 치외법권적 도시를 완성시켰다. 따라서 사카이에 무장하고 들어올 수 없었으며, 도시에 들어오면 적군과 아군의 구별은 사라졌다.

이처럼 치안이 안정되자 많은 예술가가 사카이를 찾아 다도·꽃꽂이·와카·렌카·고우타 등의 문화가 개화해 마치 수도와 같이 번성했다. 전국 시대에 일본에 온 선교사 비레이라는 사카이를 보고 '마치 베니스 같은 자유도시'라고 경탄했다. 그러나 이러한 번영은 1568년 오다 노부나가가 입경하면서 사카이에 2만 관이라는 거액의 상납을 강요해 종지부를 찍었다.

에고슈는 노부나가에 저항하려 했으나 결국 노부나가의 무력 앞

▼ 중세 도시의 종류

도시의 종류	어떻게 만들어졌는가	대표적인 도시
몬젠 마치 (門前町)	사원 참배자가 증가하면서 형성.	사카모토(坂本, 교토), 젠코사(善光寺, 나가노), 우자야마다(宇治·山田, 시가)
시나이 마치 (寺内町)	일향종 신도가 모여 살면서 형성.	에치젠요시자키(越前吉崎, 후쿠이), 이시야마(石山, 오사카), 야마시나(山科, 교토)
미나토 마치 (港町)	해상 교통의 발달에 따라 형성.	구사도센겐 마치(草戸千軒町, 히로시마), 고하마(小濱, 후쿠이), 구와나(桑名, 미에)
슈쿠바 마치 (宿場町)	육상 교통의 발달과 인구의 왕래가 늘어나면서 형성.	가케가와(掛川, 시즈오카), 누마즈(沼津, 시즈오카), 미시마(三島, 시즈오카)
조카 마치 (城下町)	센고쿠 다이묘의 성 주변에 형성.	오다와라(小田原, 가나가와), 이치죠타니(一條谷, 후쿠이), 야마구치(山口, 야마구치)
자유도시	무역으로 번영하고 상인들이 자치.	사카이(堺, 오사카), 하카다(博多, 후쿠오카)

에 굴복했다. 상납금을 지불하고 그의 요구대로 (도시 주위의) 도랑을 메웠다. 그 후 사카이는 노부나가의 직할지가 되었고 도요토미 히데요시 시대에 사카이 상인이 오사카성 부근으로 강제 이주되면서 이 자유도시는 완전히 해체되었다.

일본에 편입된
독립국 류큐

607년~1879년: 류큐의 역사

독자 문화를 구축한
류큐

607년 "수양제가 류큐에 사신을 보냈으나 전혀 언어가 통하지 않았다"라고 《수서隋書》동이전東夷傳에 실린 것이 류큐琉球가 역사에 등장하는 최초 기록이다. 다음 해 양제煬帝는 복종하지 않는 류큐의 궁전을 불태우고 3,000명을 포로로 잡았다. 당시 류큐인은 어로·채취 생활을 했다. 10세기에 벼농사를 시작하면서 빈부 차이가 생기고 각지에 아지按司라 불리는 우두머리가 출현해 성을 쌓고 무력으로 전쟁을 시작했다.

아지의 항쟁 결과 14세기에는 통합이 진전되면서 오키나와섬은 북산北山 · 중산中山 · 남산南山 세 세력으로 나뉘어 대립한다(삼산三山 분립 시대). 이 시대는 약 100년 동안 계속되었다. 이윽고 중산의 사시키佐敷에 쇼하시尚巴志라는 어부의 아들이 철로 농가구를 대량 만들어 농민들에게 나눠주고 1406년 농민과 협력해 가혹한 정치를 하던 중산왕中山王 무녕武寧을 멸망시켰다. 나아가 1416년에 북산왕北山王을, 1429년에 남산왕南山王을 토벌해 섬 전체를 평정했다. 쇼하시는 명나라로부터 '상尚'이라는 성姓을 하사받고 지배권을 승인받아 류큐 왕조를 창시했다.

14세기부터 16세기까지
중계무역으로 번영하다

그러나 쇼하시 혈통을 이은 천황가는 1470년 폭정을 한 쇼토쿠尚德 대에 쿠데타로 단절되고 대신 농민인 금환金丸이라는 인물이 실권을 장악해 쇼엔尚円이라고 칭했다. 이 왕조는 쇼엔의 아들 쇼신尚愼 시대에 절정기를 맞는다.

쇼신은 해외와 교역해서 왕국을 번영으로 이끌었다. 쇼신은 명, 조선, 일본, 동남아시아 각국에 적극적으로 배를 파견해 무역을 했다. 동시에 여러 나라의 선박도 나하那覇 항구를 중계지로 거쳐야 했기에 나하항은 외국 배와 물산이 넘쳐났다.

그러나 이러한 중계무역은 유럽 선박이 아시아에 나타나면서 종

말을 맞는다. 1609년 류큐 왕국은 사쓰마 시마즈씨薩摩島津氏에게 무력으로 제압되었다. 이후 시마즈씨의 지배를 받으며 오랜 기간 착취를 당한다.

메이지유신 이후인 1872년 오키나와는 가고시마현鹿兒島縣 관할의 류큐번이 되었고 1879년 메이지 정부는 군대와 경찰을 파견해 류큐왕 쇼타이尙泰에게 수리성首里城을 비우라고 명해 류큐 왕국을 멸망시켰다. 그리고 오키나와현을 설치해 완전히 일본 영토로 병합했다.

난을 부른 어머니의
맹목적인 아들 사랑

1467년~1477년: 오닌의 난

**내 아들을
쇼군으로 만들고 싶다!**

　　1467년 25만 명이 넘는 병사가 전국에서 교토로 구름처럼 모여들어 두 편으로 나뉘어 충돌했다. 이 전란은 11년이나 계속되었고 수도는 완전히 초토화됐다. 이것이 오닌의 난이다. 오닌의 난은 지방으로까지 파급되어 '아래가 위를 꺾어 누르는' 하극상 풍조가 생겨나고 세상은 전국 시대로 돌입했다.

　　이 전쟁의 원인은 한 부부가 제공했다. 무로마치 바쿠후의 8대 쇼군 아시카가 요시마사足利義政와 그의 정처 히노 도미코日野富子가 바로 그들이다.

무로마치 쇼군은 대대로 히노씨에서 정처를 맞이하는데 요시마사도 전례에 따라 20세에 16세의 도미코를 아내로 맞았다. 그러나 몇 년이 지나도 도미코는 후계자를 낳지 못했다. 그래서 요시마사는 동생인 요시미義視를 후계자로 선정했다. 그런데 문제가 생겼다. 결혼 후 10년이 지나서 도미코가 아들을 출산한 것이다. 훗날의 아시카가 요시히사다. 이미 차기 쇼군은 요시미로 결정되어 있는데 도미코는 어떻게 해서든 아들 요시히사를 쇼군 자리에 앉히려고 바쿠후 실력자인 야마나 모치토요山名持豊에게 접근했다. 어머니의 맹목적인 자식 사랑이다.

이에 대해 요시미는 전 간레이인 호소가와 가쓰모토細川勝元에게 도움을 구했다. 그 무렵 간레이가管領家의 하타케야마 요시나리畠山義統와 마사나가政長, 시바 요시카도斯波義廉와 요시토시義敏도 가독家督 상속 경쟁을 하면서 역시 각기 야마나 모치토요와 호소가와 가쓰모토에게 의지했다. 두 거물은 점차 대립 관계로 들어갔으며 다른 슈고 다이묘들도 어느 쪽이든 편을 들지 않을 수 없었다.

다이묘 호소가와가와 야마나가가 싸우다

1467년 정월 하타케야마 요시나리와 마사나가가 무력 충돌을 일으켰다. 이것이 오닌의 난의 발단이 되었

다. 호소가와 가쓰모토는 교토의 동쪽 편에 진지를 구축하고(동군),
야마나 모치토요는 서쪽을 거점 삼아(서군) 격렬한 전쟁을 벌였다.

이때 쇼군 요시마사는 양측에 어떠한 화해책도 제시하지 않은 채
명승 유람이나 예술품 수집으로 세월을 보냈다. 게다가 상반되는 쌍
방 주장을 모두 인정하는 팔방미인 같은 언동을 했다. 이처럼 정치
적으로 무능한 쇼군을 섬겨야 했던 것이 오닌의 난을 일찍이 없었
던 대전쟁으로 키웠다.

차는 투차로 보급되었다!

9세기~18세기: 차의 역사

**빨리 퍼지는 데는
도박이 최고**

기호품으로 즐겨 마시는 차는 9세기에
견당사가 중국에서 처음 수입했다. 일부 귀족들 사이에서 차 마시는
풍조가 확산되다가 견당사가 폐지되면서 함께 쇠퇴했다. 그 후 차를
본격적으로 보급한 사람은 임제종臨濟宗의 개조 에이사이榮西다
(12세기). 에이사이는 지금의 나가사키인 히젠肥前에서 차를 재배해
미나모토노 사네토모源實朝에게 헌상해 병을 치료했다. 이후 차는
약효가 널리 알려지면서 선약仙藥으로 상류계급에서 애용되었다. 교

토의 우메오蛋尾·히라도平戸·하카다·가마쿠라 등지에서 차를 재배하기 시작했다.

남북조 시대가 되자 무사들 사이에 차 모임茶寄合이 활발히 열렸다. 모임에서는 '투차鬪茶'라고 불리는, 생산지나 품질 등급을 맞추는 도박이 성행해 값비싼 물건이 오갔다. 정부는 이를 금지했지만 좀처럼 수그러들지 않았으며 무로마치 시대 전기까지 이어졌다. 이 시대에 차를 즐겨 마시는 계층이 폭발적으로 늘어나 한 모금에 1전錢하는 찻집이 거리에 생길 정도였다.

선과 끽다가 융합해 다도가 탄생하다

그런데 오늘날 다도의 원형인 '차노유茶の湯'를 처음 만든 사람은 무라다 슈코村田珠光다. 15세기 후반 슈코는 끽다喫茶에 선禪의 정신을 융합해 다다미 네 장 반 크기의 다실茶室에서 조용하게 차를 음미하며 풍류를 즐기는 끽다법을 시작했다. 그러한 풍조는 다케노 조오武野紹鷗에게 계승되어 '와비·사비'라는 차분하고 담백한 간결미를 이념으로 하는 다선일치茶禪一致의 '와비차'를 선호하는 경향이 두드러졌다.

차노유는 처음에는 호상들 사이에서 유행했으며 이어 센고쿠 다이묘들도 이에 열중했다. 천하의 패자인 오다 노부나가나 도요토미 히데요시가 관심을 가졌기 때문에 다른 다이묘도 '사도茶頭'라 불리는 차의 스승을 초빙하고 비싼 다구를 수집하는 데 열을 올리며 다투어 다실을 만들었다. 노부나가의 중신 다키가와 카즈마스瀧川一益처럼 영지보다 훌륭한 다구를 하사받기 원하는 무장이 나타날 정도였다.

슈코와 조오를 통해 전해진 차노유(와비차)는 전국 시대 후기에 등장한 센노 리큐千利休가 더욱 세련되게 완성했다. 리큐는 히데요시의 총애를 입어 천하제일의 사도라 불렸으며 그 권위는 절대적이어서 다구 가격은 모두 리큐의 감정에 따라 결정될 정도였다.

그러나 황금 다실로 상징되는 히데요시의 호사스러운 차와 리큐가 지향하는 와비·사비의 차는 점점 동떨어지고 대립했다. 1591년 리큐는 히데요시로부터 자살을 강요당했다. 그러나 리큐의 정신은 제자나 자손들에게 면면히 계승되었다. 에도 시대에는 유교사상이 차노유와 결합되어 예술의 경지인 다도茶道에까지 이르렀다.

가와나카지마
결전의 승자는?

1553년~1564년: 가와나카지마 전투

**왜 신켄과 겐신은
가와나카지마에서 겨루었나?**

전국 시대 가와나카지마川中島에서는 다섯 번이나 전투가 벌어졌다. 가와나카지마(나가노시)는 사이가와犀川와 센고쿠가와千曲川에 둘러싸인 비옥한 저지대로 여러 지역으로 통하는 길이 교차하는 군사 요충지다.

따라서 가와나카지마 지역을 지배하는 것은 시나노信濃를 정복하는 것과 같았다.

본래 다케다 신켄과 우에스기 겐신上杉謙信이 가와나카지마에서 전쟁을 벌인 것은 신켄이 영토를 확장하기 위해 시나노를 침공해 그곳 다이묘인 무라카미 요시키요村上義清를 축출한 데서 비롯되었다. 패배한 무라카미는 에치고越後의 겐신에게 의탁하고는 영토 회복을 애원했다. 의를 중히 여기는 겐신이 이를 승낙함으로써 양측 대립이 시작되었다.

전반은 겐신, 후반은 신켄

일반적으로 가와나카지마 전투라고 할 때는 양측 군대가 가장 격렬하게 충돌한 1561년 전투를 말한다. 이해 신켄은 가와나카지마에 우미즈성海津城을 쌓았다. 겐신은 조정으로부터 간토 간레이직에 임명되었고, 신켄은 그 이전에 시나노노가미信濃守로 임명되어 쌍방 모두 시나노 지배의 정당성을 주장할 수 있었다.

겐신은 우미즈성 축성 소식을 듣자마자 즉시 1만 3,000의 병력을 이끌고 우미즈성에서 2킬로미터 떨어진 사이죠산妻女山에 진을 쳤다. 이에 신켄도 2만 명을 이끌고 고후甲府를 출발해 우미즈성으로 들어갔다. 양측 군대가 적대하는 가운데 9월 10일 신켄은 군사軍師인 야마모토 간노스케山本勘助의 작전에 따라 '기쓰쓰키啄木 전법'으로 적을 괴멸하기로 결정했다.

이 전법은 군대를 둘로 나누어 별동대로 적의 배후를 습격해 적이 나오면 잠복하고 있던 본대가 토벌하는 것이다. 그런데 별동대 1만 2,000명이 사이죠산에 도착했을 때 그곳에는 진의 흔적만 남아 있었다. 겐신은 다케다군의 움직임을 살펴 이미 다케다 본대로 향하고 있었다.

신켄은 갑자기 나타난 우에스기군을 보고 매우 놀랐다. 아군 8,000명에 적병은 1만 3,000명인데다가 겐신은 '수레바퀴 진陣'으로 차례차례 병력을 투입했다. 이는 바퀴처럼 원형으로 진을 구축해 회전하면서 적진으로 돌격하는 전법이다. 다케다군은 우에스기군의 맹공을 받고 금세 혼란에 빠졌다. 다케다 노부시게武田信繁와 모로즈미兩角豊後守 등 유력 무장들이 전사하고 신켄 자신도 부상을 입었다. 겐신이 신켄을 칼로 베려 하자 신켄이 지휘용 부채로 막았다는 유명한 일화가 이때 나왔다.

다케다 본대가 전멸하기 직전 다케다 별동대가 도착하면서 형세가 역전되었다. 겐신은 창을 거두고 에치고로 퇴각했다. 이로써 전쟁의 승패는 결정되었는데 다케다군 사상자는 우에스기군의 두 배에 가까웠다. 그러나 가와나카지마는 다케다 신켄 지배 아래 들어간다. 즉 전투에서는 겐신이 승리했으나 전략적으로는 신켄이 승리했다고 할 수 있다.

군사의 본업은?

전국 시대: 군사의 존재 의미

**본래의 군사는
정말 역술인?**

최근 전국 시대 군사軍師는 소설이나 텔레비전 드라마 주인공으로 다뤄지고 전국무장戰國武將보다도 인기가 높다. 여기서는 그러한 군사의 역할에 관해 진상을 알리려 한다. 군사가 전쟁 때 작전참모를 하거나 대장을 보좌했다는 것은 정확하지 않다. 물론 그러한 일도 있기는 하지만 본래 군사는 역술인으로 센고쿠 다이묘에게 고용된 사람들이다.

센고쿠 다이묘에게는 전쟁에서 승리하는 것이 무엇보다 중요했다. 그들은 승리하기 위해서 모든 노력을 기울였다. 징크스나 터부 등을 깊이 신봉했으며 전쟁 때는 택일, 방위, 운수 등에서 가장 좋은 것을 선택하도록 항상 마음을 썼다.

그런데 무수한 속신俗信을 전부 암기할 수 없었기 때문에 전문 지식을 지닌 사람을 고용할 필요가 있었다. 그들이 바로 군사였다. 따라서 군사 가운데는 세속 신앙이나 역학에 능통한 선승이나 음양사陰陽師, 수험자修驗者 출신이 많았다.

의식 진행과
사기 고취가 주요한 일

군사의 주된 업무는 다양한 의식을 주재하는 것으로, 출정식이나 개선식을 집행하고 머리 검사首實檢를 총괄했다. 머리 검사는 전투에서 대장이 베어온 적의 머리를 공표하는 것인데, 머리를 보기 좋게 하는 화장법, 머리에 다는 패찰 기입법, 받침대의 치수나 재질 등 매우 세세한 규칙이 있었다.

대장에게 머리를 보여주는 방법도 복잡했다. 양손으로 머리를 들어올려 잘린 곳을 손으로 잡고 좌우의 귀에 엄지손가락을 넣어 얼굴을 똑바로 편다. 그것을 오른쪽 옆구리에 끼고 주군 앞에 나아가 머리를 내밀어 오른쪽 면을 보여주고 이번에는 왼쪽 옆구리에 바로 끼고 조용히 퇴장한다. 머리 검사는 처음부터 끝까지 군사의 책임 아래 진행되었다.

병법에 통달한 군사도 많았으나 전술에 관해서는 대장에게 조언하는 정도일 뿐 수행 권한은 어디까지나 대장에게 있었다. 대장이 군사에게 기대한 것은 아군의 사기를 고무하는 일이다. 군사는 구름이나 바람, 새, 적의 거동을 점쳐 병사들에게 용기를 북돋아주었다. 이것이 전쟁 때 군사의 진면목이다. 이처럼 역사상 군사의 직무는 일반적인 군사 이미지와는 상당히 거리가 있다.

성은 왜 지금과 같이
되었을까?

야요이 시대~에도 시대: 성의 역사

성의 변천

성城은 적의 공격으로부터 자신을 지키기 위한 군사시설이다. 성이라는 글자가 '土(흙)'와 '成(이루다)'으로 구성되어 있는 것에서 알 수 있듯이 흙을 파서 호를 만들고 판 흙을 단단히 쌓아올려 세운 흙담 안쪽을 대체로 성이라고 규정한다.

성이라고 하면 돌담으로 둘러싸인 광대한 영역이 있고 웅장한 천수각天守閣이 우뚝 솟아 있는 모습을 떠올리는데 이는 전국 시대와 에도 시대 이후 성의 모습이다.

성곽의 기원은 전쟁이 시작된 야요이 시대까지 거슬러 올라간다. 물론 성이 군사적 거점으로 가장 널리 건축되고 최고 기능을 발휘한 것은 전국 시대다. 센고쿠 다이묘는 평지에 설치한 정청政廳에서 영지를 관리하고 유사시 적이 침략하면 산성 안에 머물면서 전쟁을 했다. 시대가 내려오면서 성의 구조도 복잡해진다. 산 전체에 여러 성곽과 수로를 세워 요새로 삼고 주변에 출성出城이나 지성支城을 쌓아 방어 네트워크를 구축했다. 거리나 역참에도 울타리나 봉화대로 간소한 성을 만들어 감시 체제를 강화했다.

철포가 천수각을 만들게 했다

전국 시대 후기에 철포가 출현하자 험준한 장소에 요새를 세우는 것이 더는 의미가 없었다. 그러자 다이묘의 정청政廳을 성곽화했는데 이것이 이른바 평성平城이다. 성은 군사 거점일 뿐 아니라 정치나 경제의 중심지가 되고 주변에는 조카마치城下町가 형성된다.

이와 덧붙여 근세의 성을 상징하는 천수각은 오다 노부나가가 세운 아즈치성安土城이 본보기다. 혼노사本能寺의 변 때 불에 타 없어지기는 했으나 기록에 따르면 아즈치성은 25미터 돌담 위에 5층 천수각이 우뚝 솟아 있었다고 한다. 지상 60미터나 되는 고층 건축물이다. 아마도 당시 사람들의 간담을 서늘하게 했을 것이다.

다케다 신켄이 쓴
연애편지의 상대는?

가이甲斐의 센고쿠 다이묘로 희대의 명장이라 칭송되는 다케다 신
켄. 그러한 신켄의 연애편지가 도쿄대학교 사료 편찬소에 남아 있
다. 더 놀랍게도 그것은 카스가 겐노스케春日源助라는 남성에게 보낸
편지다. 내용을 간단히 요약해 보자.

"분명 야시치로彌七郎가 종종 말을 붙여오지만 나는 복통이라고
꾸며대고 아무 일도 없었어. 거짓말이 아니야. 한 번도 옆에 들인 적
이 없어. 나는 당신만 사랑하는데 의심을 받는다면 억울할 뿐이야.
나를 믿어줘. 모든 신에게 맹세해."

그 유명한 신켄이 이러한 편지를 썼다니 믿기 어렵겠지만 사실이

다. 다만 그를 동성연애자라고 생각하는 것은 잘못이다. 신켄에게는 처첩이 다섯 명 있고 자식을 7남 6녀 두었다. 중세에 남성을 사랑한 다는 것이 그렇게 드문 일은 아니었던 듯하다. 특히 전국 무장은 전 쟁터에 여성을 데리고 다닐 수 없으므로 대신 소년을 찾는 일이 많 았다. 오다 노부나가와 모리 란마루森蘭丸의 관계는 잘 알려져 있다.

편지의 상대인 가스가 겐노스케도 당시 10대로 신켄의 시종을 맡 고 있었다. 나중에 겐노스케는 다카사카高坂로 이름을 고치고 사무 라이 대장이 되었다. 그는 1561년 가와나카지마 결전에서 크게 활 약했다고 전해진다. 덧붙이면 신켄의 언행을 상세하게 기술한 명저 인《갑양군함甲陽軍鑑》의 작가가 가스가였다고 한다. 신켄을 유명하 게 만든 사람은 바로 신켄의 애인이었다고 할 수 있다.

4장

일본의 통일과
태평 시대

전국 시대를 거쳐
에도 바쿠후로

근세 10대 사건

≪ 기원전 0 기원후 ≫   500

1500   **1600**

무로마치   아즈치 모모야마

혼노사의 변
(1582년)

오다 노부나가는 교토 혼노사에서 가신 아케치 미쓰히데에게 살해되고 천하 통일 사업은 좌절된다. 향년 49세.

세키가하라 전투
(1600년)

도쿠가와 이에야스와 이시다 미쓰나리는 미노의 세키가하라에서 천하를 두고 싸웠다. 이에야스가 이겨 패권을 잡고 도요토미가는 다이묘로 전락했다.

오사카 여름 전투
(1615년)

도쿠가와 이에야스는 오사카 성의 도요토미 히데요리를 공격해 도요토미가를 멸망시켰다.

천하 통일
(1590년)

도요토미 히데요시는 오다와라의 호조씨를 멸하여 간토 지방을 평정하고 같은 해 도호쿠 지방을 복속시켜 일본을 통일한다.

에도 바쿠후 개설
(1603년)

도쿠가와 이에야스는 조정으로부터 세이이타이쇼군에 임명되고 에도에 바쿠후를 연다. 이후 도쿠가와 바쿠후는 260년간 계속된다.

시마바라의 난
(1637년)

아마쿠사 시로가 이끄는 수만의 농민이 규슈에서 반란을 일으켰다. 이후 바쿠후는 그리스도교를 엄격히 단속하고 포르투갈인을 축출해 쇄국을 완성했다.

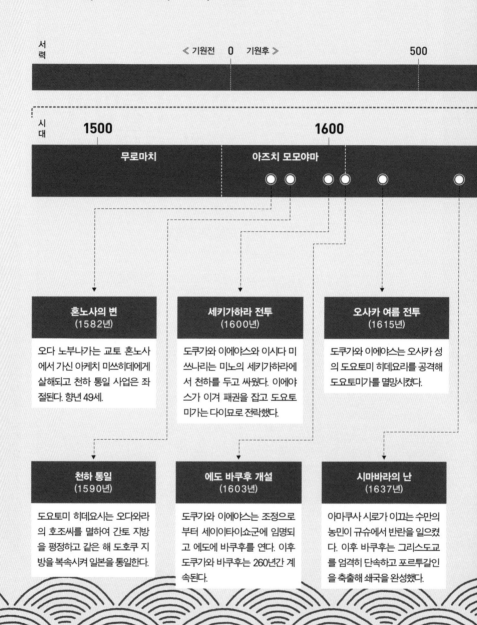

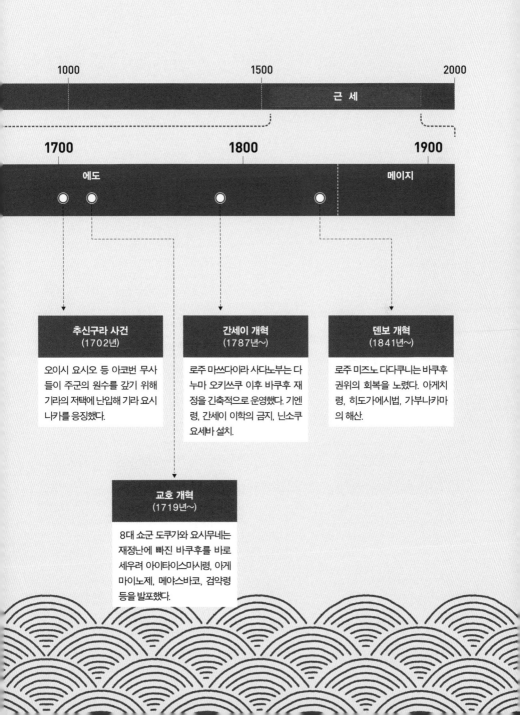

1000	1500	2000

근 세

1700	1800	1900

에도   메이지

추신구라 사건
(1702년)

오이시 요시오 등 아코번 무사들이 주군의 원수를 갚기 위해 기라의 저택에 난입해 기라 요시나카를 응징했다.

간세이 개혁
(1787년~)

로주 마쓰다이라 사다노부는 다누마 오키쓰쿠 이후 바쿠후 재정을 긴축적으로 운영했다. 기엔령, 간세이 이학의 금지, 닌소쿠요세바 설치.

덴보 개혁
(1841년~)

로주 미즈노 다다쿠니는 바쿠후 권위의 회복을 노렸다. 아게치령, 히도가에시법, 가부나카마의 해산.

교호 개혁
(1719년~)

8대 쇼군 도쿠가와 요시무네는 재정난에 빠진 바쿠후를 바로 세우려 아이타이스마시령, 아게마이노제, 메야스바코, 검약령 등을 발표했다.

전란 시대에서
평화 시대로

에도 바쿠후는
어떻게 장수했을까?

군웅이 할거하던 전국 시대는 총포라는
신병기를 중시한 오다 노부나가가 급속히 수습하고 천재적인 지략
가 도요토미 히데요시가 통일했다. 이 유산을 물려받은 이가 도쿠가
와 이에야스다. 이에야스는 세키가하라關ヶ原 전투에서 승리한 뒤
에도江戸에 바쿠후를 열었다. 바쿠후는 약 260년간 지속되었는데
이에야스 자신도 이처럼 장기 정권이 될 것이라고는 생각하지 못했
을 것이다.

에도 바쿠후는 어떻게 장수할 수 있었을까? 장수 비결은 도대체 무엇인가?

단편적일지는 모르지만 결국 그것은 '인간이 평화를 갈망하는 동물이기 때문'이라는 사실에서 답을 구할 수 있지 않을까. 전국 시대라는 난세를 겪으면서 사람들은 지쳤다. 사람들은 전쟁에 끌려갔고 전답은 전쟁터가 되어 정성껏 키운 작물은 엉망이 되었다. 이러한 상태가 1세기나 계속되자 모두 평화를 희구하기에 이르렀다. 비참한 전란의 기억은 자손들에게 구전되어 다시 반복되어서는 안 되는 사건으로 유전자에 각인됐는지도 모른다. 근세의 일본인이 왜소해져 유순해지고 다이묘들이 천하를 노리지 않은 까닭은 에도 바쿠후의 교묘한 관리 정책의 결과라기보다는 사람들이 간절히 평화를 희구했기 때문이다.

시계추처럼 왕복하는 바쿠후 정치

에도 시대 정치사는 마치 시계추처럼 움직이곤 했다. 오른쪽으로 간다고 생각하면 곧 왼쪽으로 향했다. 그러고는 또 오른쪽으로 기울면서 긴장과 이완을 반복했다. 원래 정치란 그러한 경향이 있게 마련이지만 에도 시대만큼 그 특징이 선명하게 드러난 시대도 없다.

에도의 유명한 3대 개혁(교호享保 · 간세이寬政 · 덴보天保 개혁)이 긴장의 시대라면 그 사이에 낀 5대 쇼군 쓰나요시綱吉의 겐로쿠元祿 정치, 로주老中 다누마 오키쓰구田沼意次의 뇌물 정치, 11대 쇼군 이에나리家齊의 오고쇼大御所정치는 이완의 시대라고 할 수 있다.

이러한 왕복운동은 미국 제독 페리의 내항으로 돌연 정지된다. 서민은 열강 제국의 압력으로 평화를 유지하지 못하게 된 바쿠후를 태연히 버렸다. 그리고 스스로 새로운 정치권력을 수립해 평화를 지키고자 했다. 그것이 메이지유신이다. 결국 에도 시대는 역사의 그림자였던 서민이 주인공으로 성장한 시대이기도 했다.

오다 노부나가의
혁신성

1560년~1582년: 오다 노부나가의 천하 통일

20년 걸려
전국을 수중에 넣다

오다 노부나가는 오와리尾張 서남부(지금의 아이치현)를 지배한 오다 노부히데織田信秀의 적자다. 노부나가는 어릴 적부터 이상한 옷차림을 하고 기묘한 행동을 많이 해서 사람들이 '멍청이'라 부르며 바보로 여겼다. 그러나 부친이 사망한 후 동생 노부유키信行를 비롯해 라이벌을 차례차례 타도하고 오와리국을 제패해 센고쿠 무장戰國武將으로서 두각을 나타냈다.

1560년 스루가駿河의 이마가와 요시모토今川義元는 2만 5,000명의 대군을 이끌고 오와리를 습격했다. 이때 오다군은 3,000명에 불과했으나 노부나가는 저항했다. 노부나가는 한순간 틈을 이용해 요시모토의 목을 베고 이마가와군을 몰아냈다(오케하자마桶狹間 전투).

노부나가는 그 후 미카와三河(지금의 아이치 동부)의 마쓰다이라 모토야스松平元康(도쿠가와 이에야스)와 동맹을 맺고 미노 공략에 전념해 1567년 미노를 평정했다. 다음 해에는 전 쇼군 요시테루의 동생 아시카가 요시아키足利義昭를 받들어 무로마치 바쿠후를 다시 일으켰다. 이때 그는 이미 '천하포무天下布武'라고 새긴 인장을 사용했는데 노부나가가 천하 통일을 의식하면서 행동했음을 알 수 있다. 교토 입성은 그를 위한 첫걸음이었다. 이어서 에치젠越前의 아사쿠라朝創씨, 오미의 아사이淺井씨를 멸망시키고 대립하던 아시카가 요시아키를 추방했다. 1580년 혼간사本願寺 켄뇨顯如와 화해해 10년을 끈 이시야마石山 전쟁에 종지부를 찍었다. 1582년 가이甲斐의 다케다武田씨를 정벌하고 사이고쿠西國의 모리毛利씨를 압박해 일본의 절반 이상을 수중에 넣었다. 그러나 같은 해 부하 아케치 미쓰히데明智光秀에게 배반당해 자살로 생을 마감했다.

혁신성이 두드러진
노부나가

노부나가의 위대함은 기존 가치에 구속받지 않는 혁신성에 있다. 먼저 총포의 예를 들어보자. 노부나가는 이 수입품 신병기를 누구보다도 중시했다. 생산지인 사카이와 오미를 직할지로 삼아 대량으로 제조케 하고 총포로 천하 평정을 추진했다. 1575년 나가시노 전투에서 아시가루足輕 총포대를 주력으로 한 오다군은 무적의 다케다 기마부대를 완전히 격파했다.

두 번째는 종교 정책이다. 노부나가는 자신을 거역하는 종교 세력은 철저하게 탄압했다. 그는 1571년 히에이산의 승방을 모두 불태우고 승려 3,000명을 살해했다. 잇코잇키에 대해서도 신도 '근절'을 명령했다. 부처의 벌佛罰도 하늘의 벌도 전혀 믿지 않았다는 점에서 노부나가의 근세적 성격을 엿볼 수 있다.

세 번째는 군사 조직이다. 당시 병사는 대부분 농민이라 전투는 주로 농한기에 했다. 노부나가는 용병으로 군대를 조직해 언제라도 전투를 치를 수 있는 기동력을 지녔다.

마지막으로 합리성이다. 쓸모없으면 중신이라도 가차 없이 처분했다. 가로 하야시 미치가쓰林通勝와 사쿠마 노부모리佐久間信盛는 이시야마 전쟁 후 버림받았다. 아케치 미쓰히데도 노부나가의 냉혹함을 두려워해 모반했다고 지적되기도 한다.

히데요시가 단기간에
일본을 통일한 비결은?

1582년~1590년: 도요토미 히데요시의 천하 통일

8년 만에
일본을 통일하다

　　　　　　　　　　　　도요토미 히데요시가 일본 전체를 평정
하는 데 걸린 시간은 8년이다. 1582년 혼노사에서 노부나가가 살해
된 순간 오다 제국은 붕괴했다. 이때 도요토미 히데요시는 사이고쿠
(지금의 주고쿠 지방)에서 모리毛利씨와 전투를 벌이고 있었다. 사태
를 듣자마자 히데요시는 주군의 죽음을 비밀에 붙이고 즉각 모리와
화해하고 교토로 돌아갔다. 히데요시는 야마자키山崎에서 아케치 미
쓰히데를 물리쳐 주군의 원수를 갚았다. 노부나가가 죽은 지 겨우

10일 뒤 일이다. 이 신속함이 히데요시를 노부나가의 후계자로 만들었다.

다음 해 오다가의 숙로宿老 시바타 가쓰이에柴田勝家를 시즈가타케賤ヶ岳에서 물리치고 여세를 몰아 시바타씨의 본거지 에치젠을 공격해 시바타씨를 멸망시켰다. 이후 히데요시의 천하 평정 사업은 표와 같이 파죽지세로 진행되어 갔다.

히데요시의 관대함이
천하 통일을 앞당겼다?

이처럼 통일이 순조롭게 진행된 또 하나의 이유로 히데요시의 적에 대한 관대함을 들 수 있다. 그는 패배한 적장을 죽이거나 영지를 몰수하지 않고 자기 부하로 삼았다. 노부나가와는 정반대였다. 따라서 배반당해 통일 사업이 좌절되는 일이 없었다. 오다와라의 호조씨도 당주 우지나오氏直를 살려주고 1만 석을 주어 가문을 존속시켰다.

히데요시는 오와리국 아이치愛地군 나카무라中村에서 농민의 아들로 태어나 대망을 품고 소년 시절 가출했다. 재주는 있는데 오히려 이 때문에 남들의 질시를 받아 좀처럼 출세할 수 없었다. 이 불행한 남자를 받아들인 이가 바로 노부나가다. 노부나가는 능력만 있다면 신분에 관계없이 발탁하는 합리주의자였다.

이러한 주군을 만나면서 히데요시의 인생은 호전되었다. 그러나 재능은 탁월했으나 농민 출신이라서 히데요시에게는 권위가 없었다. 히데요시는 조정을 이용해 도요토미라는 성과 태정대신의 지위 그리고 간파쿠 직책을 하사받아 지배의 정당성을 획득하려 했다.

그리스도교 300년
고난의 길

1549년~1873년: 그리스도교가 걸어온 길

선교사,
속속 일본으로 들어오다

그리스도교의 한 분파인 예수회 창시자 가운데 한 명인 프란치스코 사비에르는 인도의 말라카에서 안지로라는 일본인을 만나 그의 총명함에 감탄해서 일본 포교를 결심한다. 1549년 사비에르는 가고시마鹿兒島에 상륙해 2년 3개월에 걸쳐 야마구치山口, 사카이, 교토 등지로 포교 여행을 하고 일본을 떠났다. 그에게 감화되어 입신한 자는 1,000명도 되지 않았지만 이후 계속 선교사들이 일본에 오면서 신도는 급증했다.

특히 규슈에서는 그리스도교 신도가 된 다이묘(기독교인 다이묘)도 나타났다. 그들 중 다수는 남만南蠻 무역의 이익을 목적으로 입신했다. 남만의 배는 포교를 공인하는 영지 외에는 입항할 수 없었기 때문이다. 노부나가 시대에 그리스도교는 최전성기를 맞이했다. 노부나가 불교 세력을 억압할 목적으로 그리스도교를 공인했기 때문이다. 교토와 아즈치에는 몇몇 교회가 세워졌다.

그리스도교를
금지하다

1587년 규슈를 평정한 도요토미 히데요시는 돌연 선교사 추방령을 내렸다. 그 이유에 대해서는 신도의 단결을 두려워해서였다거나, 나가사키가 교회에 기부된 사실에 격노해서라거나, 선교사가 일본인을 노예로 해외에 판 사실을 알아서였다는 등 여러 설명이 있다. 그러나 남만 무역은 장려했기에 추방령은 철저하지 않게 끝났다.

도쿠가와 이에야스도 처음에는 무역의 이익을 중시해 그리스도교를 묵인했다. 그러나 1612년 직할지에 금교령禁敎令를 내리고 다음 해에는 적용 범위를 전국으로 확대해 타카야마 우콘高山右近 등 다수 신도를 국외로 추방했다.

돌연 태도를 바꾼 것은 새롭게 일본에 진출한 네덜란드와 영국 때문이다. 양국의 종교는 프로테스탄트로, 무역과 포교를 반드시 연계하지 않았다. 오히려 무역 독점을 꾀해 "가톨릭 선교사의 목적은 일본 침략에 있다"라고 선동했다.

1637년 시마바라에서 기독교인 아마쿠사 시로天草四郎를 우두머리로 한 농민 2만 명이 반란을 일으켰다. 진압에 고심한 바쿠후는 이를 기회로 기독교인 근절을 목적으로 한 쇄국을 결정하고 후미에踏繪(기독교인을 식별하기 위해 그리스도와 마리아의 상을 새긴 널쪽을 밟게 했다)와 고문으로 엄격하게 개종을 강요했다. 또 현상금을 걸고 숨은 기독교인을 밀고하게 하고 연대책임 제도를 두어 서로 감시하게 했다.

이러한 여러 정책으로 신도는 완전히 근절된 것처럼 보였다. 그러나 1865년 나가사키에 오우라大浦 천주교회가 세워질 때 우라가미무라浦上村 사람들은 선교사 프티잔에게 자신들이 기독교인이라고 고백했다. 프티잔은 이를 '기독교인의 부활'이라며 찬양했는데 약 300년간 엄격한 탄압과 조사를 견디며 조상의 신앙을 지켜왔다는 것은 기적적인 일이라 해도 좋을 것이다.

세키가하라 전투는
운에 좌우되었다?

1600년: 세키가하라 전투

**천하를 얻을
기회가 왔다**

인내심으로 유명한 이에야스를 히데요
시가 죽었을 때 이미 60세에 가까운 노인이었다. 초조해진 이에야
스는 바로 천하를 장악하려 했다. 도요토미 정권은 몇 년 전부터 무
력파와 문치파가 대립했다. 이에야스는 이 둘 사이에 전쟁을 일으켜
단번에 패권을 장악할 목적으로 무력파 다이묘를 회유했다. 마침 그
때 문치파의 우에스기 가게카쓰上彬景勝가 무단으로 영지 아이즈會津
로 돌아갔다.

이에야스는 그를 히데요시 정권에 복종하지 않는 역적으로 몰고 도요토미 히데요리豊臣秀賴의 명을 내세워 여러 무장과 함께 아이즈 정벌에 나섰다. 그러나 시모쓰케下野의 고야마小山까지 왔을 때 문치파 중심인 이시다 미쓰나리가 이에야스를 타도하려고 병사를 일으켰다는 사실을 알았다. 여기까지는 이에야스의 계획대로였다.

그러나 적은 예상을 뛰어넘는 8만의 대병력이었다. 더욱이 지금 함께 있는 다이묘들이 자신에게 가담한다는 보장도 없었다. 실제로 아무도 이에야스에 가담한다고 나서는 다이묘가 없었다. 이에야스는 초조해졌다.

후쿠시마 마사노리와 고바야카

그때 "이에야스님을 따르겠다"라고 나선 무장이 있었다. 무력파인 후쿠시마 마사노리福島正則였다. 그는 미쓰나리와 사이가 좋지 않았기에 증오하는 심정에서 이렇게 선언했다. 이 한마디가 역사의 흐름을 바꿔놓았다. 그 후 다이묘들이 이에야스에 가담을 표명하고 오사카로 진격했다. 이에야스 편이 된 무장들은 열심히 싸웠다. 그런데 이에야스는 미쓰나리의 거병 사실을 알고도 50일간 에도를 떠나지 않았다. 두려워 머뭇거린 게 아니라 편지를 쓰고 있었다.

아군의 결합을 긴밀히 하고 적장의 투항과 배반을 유도하려고 다이묘 82명에게 180통 이상 편지를 썼다. 맹렬한 편지 작전이었다. 성과가 있어 동군(이에야스 측)은 단결했으나 서군(미쓰나리 측)은 배반자가 속출했다. 이에야스의 승리는 결정적이었다.

그러나 세키가하라 전투 초기에 서군이 의외로 분투하자 서군을 배반하고 동군에 붙기로 약속한 무장들이 거취를 확실히 정하지 않고 관망만 했다. 이에야스는 도박을 했다. 내통을 약속했으면서도 주저하며 움직이지 않은 고바야카와 히데아키小早川秀秋군을 총포로 공격한 것이다. 이때 고바야카와군이 반격했다면 이에야스는 패배했다.

그러나 히데아키가 정신을 차린 듯 서군을 공격해 형세는 역전되어 동군 승리로 끝났다. 이처럼 세키가하라 전투는 마지막까지 승패를 알 수 없었다. 미쓰나리가 전쟁에서 진 이유는 단순히 운이 나빴기 때문이라고 하는데 어쩌면 그런지도 모른다.

이에야스는
쇼군이 될 수 없다?

1603년: 에도 바쿠후의 탄생

쇼군이 아니면
간파쿠로!

　　　　　1603년 조정은 도쿠가와 이에야스를
세이이타이쇼군에 임명했다. 그러나 사실 이에야스는 세이이타이쇼
군이 될 자격이 없었다. 미나모토노 요리토모 이후 관례상 쇼군은
미나모토 성을 가진 자만이 될 수 있었다. 따라서 미나모토 성을 갖
지 못한 도요토미 히데요시는 무로마치 바쿠후 15대 쇼군 아시카가
요시아키의 양자가 되어 쇼군이 되려 했으나, 거부당하고 조정의 최
고직인 간파쿠로 국가를 통일하는 방법을 택했다.

4장 일본의 통일과 태평 시대

이에야스는
후지와라씨였다!

이에 반해 도쿠가와(마쓰다이라)씨는 미나모토의 가계이므로 무리 없이 쇼군이 될 수 있었다고 생각하는 사람도 있다. 그러나 그것은 오해다. 이에야스는 1602년까지 후지와라씨를 자칭하면서 쇼군 취임을 의식해 미나모토씨로 복성復姓했다. 복성이란 기묘한 말이다. 이에야스의 변명에 따르면 "본래 도쿠가와는 미나모토씨였지만 언제인가부터 후지와라씨를 자칭했다"라는 것이다. 따라서 본래 성으로 되돌아간 것일 뿐이라는 주장이었다. 이때 이에야스는 증거로 가계도를 조정에 제출했으나 그것은 위작일 확률이 높다. 결국 이에야스의 쇼군 취임은 규칙 위반이다.

권력 집중을 방지한
통치 체제

한편 이러한 과정을 거쳐 탄생한 바쿠후이나 통치 조직, 즉 직제는 이에야스, 히데타다秀忠, 이에미쓰家光 3대에 걸쳐 조금씩 정비되었다. 이 체제는 이에야스가 이전 미카와三河의 토호였을 때 조직을 확대하고 정비한 것으로 세간에선 흔히 쇼야시다테庄屋仕立라 한다.

절대자로서 쇼군을 정점에 두고 일반 정무는 로주老中가 총괄하고 그것을 와카도시요리若年寄가 보좌하는 형태를 취한다. 로주 위에는 국가 최고직으로 다이로大老가 있는데 다이로는 상설 기관은 아니다.

또 다른 특징으로 모든 직위는 여러 명이 한 달씩 번갈아 담당하는 당번제를 채택했으며 정책은 합의해서 결정했다. 권력 집중을 막아 독재를 행할 수 없게 하려는 배려였다. 그 밖에 감찰 기관이 충실하게 조직되었는데 군사적 직제의 색채를 강하게 띠었다.

자리를 누가 맡을 것인가 하는 문제는 로주, 와카도시요리 등 쇼군 직속의 직책은 후다이譜代 다이묘(도쿠가와가의 가신이었던 다이묘)부터, 오반야쿠大番役와 마치부교町奉行, 오메쓰케大目付 등 로주 지배하의 직책은 하타모토旗本부터 임명했다. 신판親藩(쇼군가의 친척 다이묘)과 도자마外樣 다이묘(세키가하라 전투까지 적대하던 다이묘)는 바쿠후 행정에 참여할 수 없는 체제였다.

이에야스가
자살하려고 했다고?

1614년~1615년: 오사카성의 겨울과 여름 전투

**트집으로 시작한
오사카성의 겨울 전투**

　　　　　　도쿠가와 이에야스가 도요토미가를 멸
망시키기로 결심한 것은 1611년 니조二條성에서 19세의 도요토미
히데요리와 대면했을 때였다. 이에야스는 총명한 청년으로 성장한
히데요리를 보고 이에야스가의 장래에 위기감을 느꼈다. 당시 70세
노인인 이에야스로서는 자연스러운 감정이었을 것이다.

　1614년 7월 이에야스는 도요토미가가 재건한 호코사方廣寺의 범
종 명문에 자신을 저주하는 글자가 있다고 트집 잡았다. 이에야스는

오사카성의 히데요리에게 "생모 요도기미淀殿를 인질로 내놓든가 오사카성을 넘기라"라고 압박했다. 격분한 도요토미 측은 낭인을 수만 명 불러모으고 군량미를 다량 성내로 운반하는 등 저항할 태세를 분명히 했다. 이에야스가 같은 해 11월 오사카성을 포위함으로써 오사카성 겨울 전투의 막이 올랐다. 다음 달 도요토미 측이 성의 호를 메우는 조건으로 강화조약이 체결되었다. 그것은 표면적인 화해였을 뿐 다음 해 4월, 이에야스는 다시 한번 히데요리에게 '영지를 옮기거나 성안의 낭인을 추방'하라고 강요했다.

▼ 도요토미가가 멸망에 이르는 과정

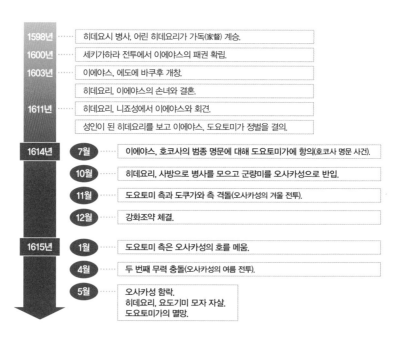

1598년		히데요시 병사. 어린 히데요리가 가독(家督) 계승.
1600년		세키가하라 전투에서 이에야스의 패권 확립.
1603년		이에야스, 에도에 바쿠후 개창.
		히데요리, 이에야스의 손녀와 결혼.
1611년		히데요리, 니죠성에서 이에야스와 회견.
		성인이 된 히데요리를 보고 이에야스, 도요토미가 정벌을 결의.
1614년	7월	이에야스, 호코사의 범종 명문에 대해 도요토미가에 항의(호코사 명문 사건).
	10월	히데요리, 사방으로 병사를 모으고 군량미를 오사카성으로 반입.
	11월	도요토미 측과 도쿠가와 측 격돌(오사카성의 겨울 전투).
	12월	강화조약 체결.
1615년	1월	도요토미 측은 오사카성의 호를 메움.
	4월	두 번째 무력 충돌(오사카성의 여름 전투).
	5월	오사카성 함락. 히데요리, 요도기미 모자 자살. 도요토미가의 멸망.

4장 일본의 통일과 태평 시대

이에야스도 위험했던
오사카성 여름 전투

5월 도요토미가는 결사 항전을 결의하고 오사카성 주변에서 도쿠가와 측 무장과 격렬하게 전투를 벌였다. 세간에서 말하는 오사카성의 여름 전투다. 도요토미 측 무장들은 승산이 없음을 잘 알고 있었다. 결국 죽기를 각오한 사람들이 남았다. 죽기를 각오한 사람은 강하다. 특히 사나다 유키무라眞田幸村가 거느린 1만 부대의 용맹함은 돋보였다.

유키무라는 최종 결전에서 죽음을 각오하고 이에야스의 본진을 향해 돌격했다. 이에야스는 설마 본진에까지 도달하리라고는 생각지 않고 대수롭지 않게 여겼다. 그러나 사나다군은 파죽지세로 이에야스 본대까지 돌진해 왔다.

사나다군은 순식간에 도쿠가와 본진을 유린했다. 이에야스의 상징馬印(과거 싸움터에서 대장의 말 곁에 세워 그 소재를 알리던 표지)도 밟혀 쓰러지고 부하들도 이에야스를 남겨두고 도망쳤다. 이에야스 옆에 남은 부하는 오쿠리 히사쓰구小栗久次 한 명뿐이었다. 이에야스는 절망해 "이제 끝이다. 나는 할복하겠다!"라고 두 번이나 부르짖었다.

다행히 이에야스의 위급한 상황을 안 무장들의 후원으로 유키무라는 최후를 맞았고 이에야스는 구사일생으로 목숨을 구했다. 다음 날 오사카성은 함락되고 히데요리 모자는 자살했다. 이에야스는 어렵게 도요토미가를 멸망시킬 수 있었다.

오다 노부나가가
유부녀에게 편지를?

노부나가가 유부녀에게 보낸 편지가 남아 있다. 상대방은 후지 요시
로藤吉朗(뒤의 도요토미 히데요시)의 본처 오네다. 며칠 전에 토산물을
가지고 아즈치성으로 자신을 방문한 그녀에게 감사한다는 것이 중
심 내용인데 덧붙여 다음과 같은 내용이 있었다.

"오네여! 당신은 아름답구려. 이전에 만났을 때보다 배나 근사해
졌구려. 한데 그가 당신이 부족하다고 하는 것은 가당치도 않은 일
입니다. 당신만 한 여성은 어디에서도 찾을 수 없을 터. 그 대머리
생쥐(즉, 후지 요시로) 주제에는 다시 구할 수 없을 존재입니다. 그러
니 당신도 더욱 마님같이 관대한 태도를 가지고 가벼이 질투해서는

안 될 것입니다. 또한 여인으로서 지아비를 모시는 마음을 잊지 말기 바랍니다. 이 편지는 그에게도 보여주십시오."

노부나가와 만난 오네는 웬일인지 남편 히데요시가 얼마나 여성에 칠칠치 못한지 실컷 푸념한 듯하다. 노부나가는 사례를 핑계 삼아 부부의 불화를 중재하려 했던 것 같다. 편지에는 오네에 대한 위로의 감정과 다정함이 느껴지며, 교묘하게 여성의 자존심을 부추기면서 은밀히 충고하는 수법 등이 절묘하게 어울려 있다. 그러나 여성을 교묘한 말로 격려하는 노부나가라니. 어쩐지 그 이미지와는 걸맞지 않는 듯하다.

전국 시대에 유행한
공중변소

"바로 가까이에 공중변소가 몇 개 있으나 악취 때문에 설교를 듣기
위해 온 사람들은 거의 참지 못했다."

이는《일본사》에 실린 전국 시대에 일본에 온 그리스도교 선교사
루이스 프로이스의 말인데, 그 시대에 공중변소가 있었다는 사실이
흥미롭다. 공중변소는 사람들의 배변을 위해 개방된 시설로 당시는
왕래가 빈번한 민가와 점포에 설치되었다. 그 가운데에는 한 명이
변소를 몇 개 소유한 경우도 있었다고 한다. 왜 이렇게 변소가 유행
했을까.

《일본유럽문화비교日歐文化比較》에 따르면, "유럽인은 분뇨를 퍼내

고 변소를 청소하는 사람에게 돈을 지불한다. 그런데 일본에서는 분뇨를 퍼내는 사람들이 쌀과 돈을 지불하고 있다."

　프로이스가 말한 것처럼 분뇨는 돈으로 취급되었다. 전답의 비료로 농민이 구입했기 때문이다. 전국 시대에 들어서면 전국의 센고쿠 다이묘가 산야를 농민에게 적극적으로 개발시켜 산야가 전답으로 변해 초비草肥가 줄어들었다. 비료가 심각하게 부족했던 것이다. 또 부유한 자의 분뇨가 가난한 자의 분뇨보다 비싸게 팔렸다. 좋은 음식을 먹었으니 비료의 효과가 높다는 것이 그 근거였다.

바쿠후가 힘을
유지한 방법은?

1603년~1867년: 에도 바쿠후의 통제 정책

**마음에 들지
않는 자는?**

　　　　　　　　　　다이묘가 절대 복종하고 농민이 정확히
연공을 납부하는 한 바쿠후의 지배는 영원하다. 따라서 바쿠후는 양
자에 엄격한 통제 정책을 취했다. 우선 세키가하라 전투 때까지 적
대적 위치에 있던 도자마 다이묘 대부분을 변경 지역으로 배치·전
환하고 영지 주변에는 천령天領(바쿠후 직할지)과 후다이 다이묘(도쿠
가와가의 가신이었던 다이묘)를 두어 감시했다. 한편 에도와 오사카성
등 요충지 주변에는 신판 다이묘(도쿠가와가의 친척)와 후다이 다이

묘를 두어 수비를 공고히 했다.

일국일성령一國一城令을 발포해 본성을 제외한 모든 성곽을 헐게 함으로써 다이묘의 군사력을 약화시키고 무가제법도武家諸法度(다이묘를 통제하기 위한 기본법)를 위반한 제후를 차례로 개역改易(영지를 압수해 단절시킴)과 감봉減封(영지 삭감)이라는 엄벌에 처했다. 그리하여 이에야스에서 3대 이에미쓰의 시대까지 계승자가 없어 대가 끊긴 다이묘를 포함해 120가 이상을 개역했다.

다이묘의 경제력을 약화시키기 위해 산킨코타이參勤交代(다이묘가 영지와 에도를 1년 교대로 왕복하는 제도)와 후신야쿠普請役(공공시설의 수축修築과 치수 공사에 대한 경제적 부담)를 의무화했다. 이 같은 정책들로 바쿠후는 다이묘를 무력화했다.

연공을 확실하게 수취하는 제도

바쿠후의 재정은 일반 백성의 연공으로 운영되므로 그들이 확실히 연공을 납입하는 시스템을 구축할 필요가 있었다. 그래서 바쿠후는 토지 매매 금지와 분지 제한령을 발포해 토지 매매와 상속을 금지·제한하고, 농지가 세분되어 농민이 빈궁해지는 것을 방지했다.

게이안慶安의 오후레가키御觸書를 만들어 '사치하는 부인과는 인연을 끊는다'든가 '술과 차는 마시지 않는다', '옷은 목면으로 된 것만 입는다' 등 생활의 세세한 부분까지 간섭해 농민이 사치스러운 생활에 빠져 타락하는 것을 막으려 했다. 연대책임 제도인 고닌구미五人組 역시 연공 확보가 주요한 목적이었다.

다이묘와 농민을 통제한 정책 덕분에 에도 바쿠후는 260년 이상 존속할 수 있었다.

쇄국 없는 쇄국 제도

1639년~1853년: 쇄국의 역사

**외국과 완전히
단절되었을까?**

본래 '쇄국'이라는 말은 잘못되었다. 이
제도가 완성된 3대 쇼군 이에미쓰의 시대에는 쇄국이라는 말이 없
었다. 이 말은 1801년 시즈키 다다오志筑忠雄가 캠벨의 《일본지日本
志》를 번역할 때 처음 사용했다. 이 말이 생기면서 사람들은 일본이
외국과 일절 교류하지 않고 나라의 문을 닫았다고 생각하게 되었다.
그러나 그것은 오해였다. 에도 바쿠후는 국제 교류를 활발하게 추진
하고 무역까지 했다. 네덜란드, 중국, 조선, 류큐가 대상국이었다.

특히 일본이 수출한 동銅은 유럽 경제에 영향을 주었고 동전은 동남아시아 여러 나라에서도 화폐로 유통되었다. 발리섬 등에서는 쇼와昭和 초기까지 사용되었다. 일본은 결코 국제사회, 세계경제와 완전히 단절되지 않았다.

한편 무역으로 국내에도 상품이 많이 수입되었다. 예를 들면 에도의 유력 상인은 외제 향수를 바르고 산호 비녀를 꽂았으며 유리잔에 와인을 마셨다고 전해진다. 8대 쇼군 요시무네吉宗의 시대에는 수입 제한이 더욱 완화되어 한문으로 번역된 유럽 서적을 비롯해 페르시아의 말, 베트남의 코끼리와 낙타 등 진기한 동물까지 유입되었다.

쇄국은
네덜란드 상인의 음모?

물론 일본인의 해외 도항이 금지되었고 교류 국가도 한정되어 있었다. 왜 바쿠후는 이 같은 정책을 취했을까. "사실 그것은 네덜란드의 음모였다"라고 주장하는 학자와 역사가가 있다.

일본을 처음 방문한 유럽인은 포르투갈인과 스페인인이었다. 그들은 무역과 그리스도교 포교를 같은 것으로 생각했다. 바쿠후는 무역으로 이익을 취하려 포교를 어느 정도 묵인했다.

그런데 나중에 일본에 온 네덜란드인은 포교 허가를 요구하지 않앉을 뿐 아니라 그리스도교의 위험성을 바쿠후에 주입해 위기의식을 자극했다. 스페인과 포르투갈을 배제하고 무역을 독점하기 위해서였다.

작전은 완벽하게 성공해 1624년 스페인 배는 일본에 들어올 수 없었다. 일본인의 해외 도항과 유력 상인, 다이묘의 해외무역도 금지되었다. 1637년 시마바라 난 때 네덜란드인은 "농민들이 이 정도로 저항한 것은 포르투갈이 배후에서 원조했기 때문이다. 포르투갈은 일본을 식민지로 만들려 한다"라고 그럴싸하게 바쿠후 수뇌부를 부추겨 위기감을 부채질했다.

1639년 바쿠후는 포르투갈 배의 내항을 금지했으며, 네덜란드는 유럽 국가들 가운데 유일하게 일본의 무역 상대국으로 막대한 이익을 챙겼다. 이 독점 상태는 1853년 페리 내항까지 215년간 지속되었다.

문화 담당자는
무사에서 조닌으로

16세기 후반~19세기 초: 근세의 4대 문화

노부나가와 히데요시의
호화찬란한 문화

전국 시대 후기 문화를 아즈치_{安土}·모모야마_{桃山} 문화라고 한다. 이 명칭은 오다 노부나가가 거주한 아즈치성과 도요토미 히데요시가 만년을 보낸 교토 모모야마에서 유래했다. 이 문화의 최대 특징은 작품들이 호화찬란하다는 것이다. 문화 담당자는 센고쿠 다이묘와 유력 상인이었는데 천하를 평정한 도요토미 히데요시의 명랑한 성품이 아즈치·모모야마 문화에 크게 영향을 준 것이 확실하다. 이 시대에 유럽인이 일본에 내항했기 때문에 그들의 문화도 깊이 반영되었다. 더욱이 차가 폭발적으로 유행하면서 명작 도자기와 다기가 만들어졌고 훌륭한 다실이 나타났다.

에도 시대의 3대 문화

에도 시대 문화는 크게 게이초慶長·간에이寬永기 문화, 겐로쿠元祿기 문화, 가세이化政기 문화 셋으로 나뉜다. 게이초·간에이기 문화는 기본적으로 아즈치·모모야마 문화를 계승했으나 바쿠한幕藩 체제의 확립기였기 때문에 체제에 순응하는 보수적 경향을 보였다. 한동안 핍박받던 공가들도 고미즈노오御水尾 천황 주도 아래 다시 문화 담당자로 등장했다.

작품으로는 건축물에 주목할 만한 것이 있다. 곤겐즈쿠리權現造 닛코 도쇼궁日光東照宮의 세부 조각과 색채는 압권이며 쇼인즈쿠리書院造와 다실이 융합한 수키야즈쿠리數寄屋造의 건물, 특히 가쓰라 이궁桂離宮은 우아함으로 유명하다.

17세기 후반부터 18세기 초까지의 문화가 겐로쿠 문화다. 겐로쿠 문화는 '천하의 부엌'으로 불리며 번영한 오사카를 중심으로 유력 상인들이 만들어낸 문화로 현실주의와 합리주의적 성격이 작품에 공통적으로 나타난다.

대표 작품으로, 회화는 오카다 고린尾形光琳의 〈홍매백매도紅梅白梅圖〉, 히시카와 모로노부菱川師宣의 우키요에浮世繪 〈뒤돌아보는 미인

〉이, 문학은 마쓰오 바쇼松尾芭蕉의 하이쿠〈오쿠奧의 호소미치細道〉,
이하라 사이카쿠井原西鶴의 우키요 소시浮世草子(에도 시대에 화류계를
중심으로 한 세태와 인정을 묘사한 소설)《호색일대남》을 꼽을 수 있다.

　에도 시대 최후의 문화는 18세기 말부터 19세기 초에 개화한 가
세이 문화다. 가세이라는 이름은 분카文化, 분세이文政의 각 연호에
서 각각 한 자씩 따서 만들었다. 겐로쿠 문화가 상층 중심이었던 데
비해 가세이 문화는 에도의 조닌町人들이 주역을 담당했다.

　가세이 문화는 당시 부패한 정치 상황을 반영해 통속적이고 향락
적인 경향이 강하고 퇴폐적이기까지 했다. 화가로는 기타가와 우타
마로喜多川歌麿, 도슈사이 샤라쿠東洲齋寫樂, 가쓰시카 호쿠사이葛飾北
齋, 우타가와 히로시게歌川廣重 등이, 작가로는 짓펜샤 잇쿠十返舍一九,
다키자와 바킨瀧澤馬琴, 요사 부손與謝蕪村, 고바야시 잇사小林一茶 등
이 배출되어 수작을 남겼다.

풍속화가
샤라쿠의 정체는?

1603년~1867년: 에도 시대 회화

10개월만 그린
샤라쿠

에도 시대에는 조닌 문화가 번영하며 회화가 발전했다. 그 가운데 대표적인 것이 우키요에다. 우키요에는 세계적으로 높이 평가되는데 고흐 등 19세기 유럽 화가들에게 커다란 영향을 주었을 정도다.

히시카와 모로노부가 겐로쿠 시대에 창시한 우키요에는 스즈키 하루노부鈴目春信가 색이 선명한 니시키에錦繪(풍속화를 색도 인쇄한 목판화)로 발전시키고 그 후 여러 화가가 더욱 발전시켰다. 이러한 화가들 가운데 천재라고 불리며 많은 의문을 남긴 우키요에 화가 도슈사이 샤라쿠가 있다.

샤라쿠는 우키요에의 전성기를 구축한 키타가와 우타마로와 거의 같은 시대의 우키요에 화가인데 겨우 10개월 동안 활약하면서 작품을 140여 점 이상 남기고는 홀연히 사라졌다.

샤라쿠의 작품은 우타마로의 작품들과 함께 에도 최고 출판업자 쓰타야 시게사부로蔦重三郎가 출판했는데 샤라쿠라는 인물에 대해서는 비밀에 부쳐져 있다. 샤라쿠의 작품들은 기간에 따라 4기로 나뉘는데 제1기 작품만 질적으로 뛰어나고 그 밖에는 볼 만한 것이 거의 없다고 할 수 있다.

제1기 작품은 기라라주리黑雲母擦 화법에 따라 배우의 두상을 과장하는 오오쿠비에大首繪다. 인물은 모두 희화적으로 변형되어 배우의 심리 상태가 들여다보이는 듯한 획기적 묘사 방법이 특징이다. 그러나 당시 사람들은 '그다지 비슷하지 않다'며 그 장점을 이해하지 못했으며 샤라쿠는 인기 화가가 되지 못한 채 소식이 갑자기 끊어졌다.

샤라쿠 작품은 메이지 시대에 들어서면서 평가받기 시작했다. 쿠르트와 훼노로사라는 외국인이 먼저 샤라쿠의 작품을 높게 평가했다. 이후 일본에서도 샤라쿠 연구가 진행되었으나 샤라쿠의 정체는 끝내 알 수 없었다.

4장 일본의 통일과 태평 시대

노能의 배우가
샤라쿠였을까?

출판업자인 쓰타야 시게사부로 본인이
라는 설, 가쓰시카 호쿠사이葛飾北齋설, 시바 코칸司馬江漢설 등 현재
여러 가지 추측이 있는데 가장 유력한 것이 아와한阿波藩의 전속
노能 배우 사이토 주로베에齋藤十郎兵衛라는 설이다. 이 설은 샤라쿠
의 시대로부터 반세기가 지난 후 고증학자 사이토 겟콘齋藤月岑이
주장했다.

1997년 6월 사이토 주로베에의 과거첩過去帳(사원에서 죽은 신도의
법명, 속명, 사망일을 기록해 두는 장부)이 사이타마현의 한 절에서 발견
되었다. 이에 따라 주로베에가 실존 인물이며 겟콘이 조사 기록에도
남긴 것처럼 에도의 핫초보리八丁堀에 거주했다는 사실이 판명되어
점점 샤라쿠가 주로베에라는 설이 설득력을 얻었다.

인기 작가도
글만 써서 먹고살 수 없다?

1603년~1867년: 에도 시대 문학

**대부분
겸업 작가**

　　에도 시대 소설가들은 모두 혹독한 생활을 해야 했다. 예를 들어 고이카와 하루마치懸川春町는 겸업 작가였다. 원래 직업은 쓰루가고지마駿河小島번의 관리인데 틈틈이 《긴긴 센세이에이가노유메金久先生榮花夢》를 필두로 여러 인기작을 발표했다. 그러나 관료로서 지위가 올라가자 시간을 내지 못해 문필 활동이 정체되었다.

　　더구나 당시는 간세이 개혁이 실시되었던 시기였다. 풍속을 어지럽히는 소설은 엄격히 문책되던 때라 하루마치는 바쿠후에 영합하는 글만 써서 인기가 떨어지고 경쟁 상대였던 호우세이도우키산지朋誠喜三二와 차이가 더욱 벌어졌다. 하루마치도 고집은 있어서 대담하게 무사를 놀리는《오무가에시분부노후다미치 鸚鵡返文武二道》를 집필했다. 서민은 이 작품에 박수갈채를 보냈지만 하루마치는 바쿠후로부터 출두 명령을 받자 책임을 느끼고 자살하고 말았다. 에도 시대 작가는 대부분 하루마치와 같이 원고료만으로 살아갈 수 없어 겸업할 수밖에 없었다.

최초의 전업 작가 탄생!

　　　　　그러한 일본에서 최초로 원고료만으로 생활한 작가가 산토 교덴山東京傳이다. 그는 재담 소설酒落本 작가로 작품을 다수 발표했는데 하루마치와 같이 간세이 개혁에 저촉되어 50일 '데쿠사리手鎖'에 처해졌다.

데쿠사리는 집필하지 못하게 손에 수갑을 채우는 벌이다. 글을 쓰지 못한다는 것은 작가에게 치명적이다. 예를 들면《쇼쿠메고요미春色梅兒譽美》를 쓴 연애소설 작가 타메나가 수이爲永春水도 덴보 개혁으로 데쿠사리 형을 받았는데 그 충격이 너무 커 53세가 된 다음 해 죽었다.

다키자와 바킨도 많지 않은 전업 작가 중 하나인데 만년에 아들

을 잃고 생활에 불안을 느낀 나머지 생일잔치를 열거나 귀중한 장
서를 팔아 필사적으로 돈을 모으고 손자를 위해 고케닌 가부株를 샀
다. 무사가 되면 많지는 않았지만 봉록이라는 정기 수입이 있다는
매력에서 그랬을 것이다.

《난소사토미 하쓰켄덴南總里見八伏傳》을 쓴 인기 작가가 이 정도였
을 만큼 에도 시대 소설가들의 지위는 낮고 생활도 불안정했다. 물
론 현대에도 전업 작가는 백여 명 정도에 불과하니 당시 상황과 크
게 다르지 않다.

부침이 격심한
바쿠후의 재정

1603년~1867년: 에도 시대 정치사 ①

**무단정치는
언제까지?**

1603년 도쿠가와 이에야스가 에도에 바쿠후를 개설한 이래 3대 이에미쓰까지 바쿠후는 강력한 군사력을 배경으로 강압적인 정치를 실행했다. 이를 무단정치라 한다. 다이묘와 하타모토旗本는 사소한 이유로도 개역, 감봉, 전봉轉封(영지 교체) 처분을 받았다. 따라서 주군을 잃은 낭인이 40만 명을 넘었는데 낭인의 불만은 1651년 '유이 쇼세쓰由井正雪의 난'으로 나타났다.

4대 쇼군부터
유교에 기초한 문치 정치로

4대 쇼군 이에쓰나家綱는 유이 쇼세쓰의 난을 교훈 삼아 문치 정치로 전환했다. 문치 정치는 유교의 덕치주의를 기초로 사람들을 교화해 사회 질서를 보장하는 것이다. 이에쓰나는 다이묘에 대해 인질 제도를 없애고 대가 끊기려 할 때 양자를 들이는 것을 인정하는 등 완화책을 취했다.

이후 바쿠후 멸망까지 문치 정치는 계속되었다. 그중에서도 '쇼토쿠正德의 치(아라이 하쿠세키新井白石의 정치)'가 유명하다. 하쿠세키는 6대 이에노부家宣, 7대 이에쓰구家繼의 스승으로 유교에 기초한 정책을 전개했으나 실제로는 이상주의, 형식주의로 흘러 현실 문제에 적응하지 못하고 사회를 혼란에 빠뜨렸다.

바쿠후 중흥의 시조,
도쿠가와 요시무네

에도 중기에 이르면 화폐경제가 발달한다. 차용금 때문에 곤궁해진 무사가 늘어났고 바쿠후 재정도 어려워졌다. 이 위기 상황에서 8대 쇼군 도쿠가와 요시무네德川吉宗는 유능한 인재를 다수 등용해 '교호의 개혁'을 단행했다.

다이묘의 산킨고타이參勤交代를 완화하는 대신 미곡 상납을 의무화하고(아게마이上米의 제制), 농민의 연공 부담을 늘렸다. 동시에 토

지 개발과 식산흥업殖産興業을 장려해 세수 증가에 힘썼다. 그 결과 바쿠후 재정은 호전되었다. 가난해진 하타모토와 고케닌에 대한 대책으로는 '아이타이스마시령相對濟し令'을 내렸다.

"바쿠후는 금전채무에 관한 소송을 받아들이지 않는다. 당사자끼리 해결하라"라는 내용의 법령인데, 이 때문에 무사들이 빌린 돈을 갚지 않는 일이 많아 금융계는 혼란에 빠졌다. 어찌 됐든 교호의 개혁으로 바쿠후 재정은 안정되었다. 바쿠후 중흥의 시조로 여겨지는 요시무네의 정치는 후대에 모범이 되었다.

세 차례 개혁의 성과는?

1603년~1867년: 에도 시대 정치사 ②

다누마 오키쓰구의
바쿠후 재정 재건책

요시무네 이후에도 화폐경제의 침투는
계속되었다. 이러한 시대 흐름에서 역발상을 한 인물이 있다. 10대
이에하루家治 치세 때 로주 다누마 오키쓰구는 상업자본을 적극적
으로 이용해 바쿠후 재정을 재건하려 했다.

그는 '자座(특권적인 동업자 조직)' 신설과 가부나카마株仲間(상공업
자의 동업 조합) 결성을 공인하고 막대한 세금을 징수해 조닌에게 새
로운 토지 개발을 청부했다. 나가사키 무역의 제한을 완화하고 금과

은을 수입해 재정 안정을 꾀했다. 그러나 이 시대는 천재지변이 계속되는 데다 흉작으로 서민의 폭동과 잇키가 늘어나고 뇌물 정치라는 불평도 생겨나면서 다누마는 실각하고 만다.

간세이 개혁에서 방만한 정치로

　　　　　　　11대 쇼군 이에나리 치세 전반에서 정무를 담당한 이는 로주 마쓰다이라 사다노부다. 사다노부는 다누마 시대에 이완된 사회를 긴장시키고 황폐한 농촌 부흥, 바쿠후 재정 재건 등을 목표로 정치 개혁을 단행했다. 이를 '간세이 개혁'이라 한다. 사다노부는 8대 쇼군 요시무네의 손자이기도 한데 정치이념을 교호 개혁에 두었다.

　사다노부는 농촌 복귀 명령舊里歸農令을 내리고 하타모토와 고케닌의 사치를 금지하면서 채무 파기 특령棄捐令을 내려 6년 이전의 채무는 파기해 빈곤을 구제하려 했다. 그러나 이 정책들은 복고적·반동적 정책에 불과해 점점 진전하는 화폐경제에 대응할 수 없었다.

　사다노부가 은거한 1793년부터 1841년까지는 쇼군 이에나리가 친정(오고쇼大御所 시대)을 했다. 이에나리는 바쿠후 정치를 개선하려는 의욕 없이 재정을 방만하게 운영해 재정이 어려워지면 화폐를 개악해서 고비를 넘겼다. 그 결과 오오쿠大奧(에도 성내 쇼군 부인이 거처하는 곳)와 쇼군가의 지출이 늘어나 뇌물 정치가 횡행했다. 세태도 이를 반영하는 듯 기강이 해이해져 거리에 투기꾼과 무뢰배가 넘치고 범죄가 빈발했다. 농민 잇키와 파괴 행위도 늘어 사회는 동요하고 서민은 피폐해졌다.

세상을 삭막하게 한 덴보 개혁

이 상황을 타개하려 한 이가 로주 미즈노 다다쿠니다. 다다쿠니는 12대 쇼군 이에요시 치세 초기(1841~1843)에 '덴보 개혁'을 단행했다.

문란해진 풍속을 바로잡기 위해 엄격한 검약령을 내리고 화려한 의복과 고급 요리, 모든 사치품을 금지했다. 도시에는 첩자를 풀어 서민의 행동을 감시하기도 해 도시는 불이 꺼진 것처럼 되었다.

가부나카마를 해산하고 지방 상인을 통제해 상업 경제의 발전을 억눌렀으며 농촌을 부흥시키기 위해 귀농 명령을 내려 농본 체제 회귀를 강행했다. 그러나 이 같은 무모한 복고 정책은 성공할 수 없었다. 다다쿠니는 1843년 에도, 오사카 10리 안의 지방을 바쿠후 직할지로 하는 아게치령上知令을 내린 것이 반발을 사서 실각한다. 농본주의를 원칙으로 하는 에도의 바쿠한 체제는 상업자본주의의 성장 앞에 무릎을 꿇을 수밖에 없게 되었다.

3대 쇼군 이에미쓰의
친부모는 누구?

이에미쓰는 2대 쇼군 히데타다秀忠의 장남인데 히데타다가 둘째 다다나가忠長를 편애해 계승권을 박탈당했다. 이때 이에미쓰의 유모 가스가노 쓰보네春日局가 쇼군직에 물러나 은거해 있던 이에야스에게 직접 호소해 이에미쓰는 3대 쇼군직에 오를 수 있었다.

이에미쓰는 이에 감사해 그녀를 종2위의 고위직 오오쿠 감독에 임명하고 종종 정치 문제에 관해서도 조언을 구했다. 이처럼 유모가 권력을 쥔 전례는 없었다. 그래서 "이에미쓰의 모친은 가스가노 쓰보네이고 부친은 이에야스다"라는 이상한 소문이 생겨났다. 믿기는 어렵지만 몇 가지 근거를 열거해 보자.

《도엽계도어가계전稲葉系圖御家系典》에 가스가노 쓰보네가 쇼군 아들을 임신했다는 기술이 있고 《마쓰노사카에松のさかえ》라는 고문서에는 "다케치요기미竹千代君(이에미쓰의 아명)를 낳은 것은 가스가노 쓰보네"라고 쓰여 있다. 그리고 이에미쓰는 이에야스를 매우 존경해 스스로 2대 쇼군이라 칭했다. 또 이에미쓰 모친이 첫딸을 낳고 바로 9개월 뒤 또 이에미쓰를 출산했다는 등 의문점이 많다.

이에야스라는 남자는 이상할 정도로 미망인을 좋아했다고 하니 가스가노 쓰보네 같은 이혼 경험이 있는 성숙한 여인이야말로 이에야스의 이상형으로 둘이 관계를 가졌다 해도 이상한 일은 아니다. 애초에 가스가노 쓰보네가 후계자 문제로 쇼군 히데타다를 건너뛰고 이에야스에게 직접 호소했다는 것 자체가 특별한 이야기 아닌가.

방화범과 도적 수사관
하세가와 헤이조의 실상

'오니헤이鬼平', 하세가와 헤이조長谷川平藏는 실존 인물이다. 텔레비전의 헤이조는 악을 증오하고 약자를 도우며 약간 허무주의적이면서 여성에 약한 영웅이다. 그런데 이는 완전히 허구다. 헤이조가 범죄자 갱생시설을 설치하거나 도적 체포에 수완을 발휘한 것은 분명한 역사적 사실이나, 성격에는 문제가 많았던 듯하다. 헤이조의 동료 모리야마 겐고로森山源五郎는 "하세가와는 교활하고 빈틈없는 성격으로 8년간 (방화범과 도적 수사관) 직책에 근무하면서 여러 가지 잔꾀를 부렸다"라고 통렬하게 비난했다. 헤이조를 등용한 로주 마쓰다이라 사다노부도 "이 사람은 공리功利를 탐해 사기꾼 같은 교활한 일도 저지르기 때문에 사람들이 나쁘게 말한다《우하일언宇下一言》"
라고 혹평했다.

헤이조는 겨우 10년 사이에 고후신야쿠小普請役에서 이례적으로
출세를 거듭했다. 당시는 다누마 오키쓰구의 시대로 그의 출세는 다
누마에게 막대한 뇌물을 바친 덕분이라는 소문도 돌았으니 처세에
대단히 뛰어났던 듯하다.

또 큰소리를 치는 버릇이 있어 교토 마치부교를 맡고 있던 부친
이 급사해 에도로 돌아갈 때 헤이조는 송별회에서 "나는 조만간 이
시대 영웅으로 칭송받는 인간이 될 것이다"라는 식의 인사말을 해
좌중의 흥을 깼다. 이미지를 깨서 미안하지만 본래 헤이조는 이런
사람이다.

바쿠후를 확립한
초기 3대 쇼군

1603년~1867년: 도쿠가와의 15대 쇼군상 ①

바쿠후를 확립한
쇼군

　　　　　미카와三河의 센고쿠 다이묘였던 도쿠
가와 이에야스는 어릴 때 스루가駿河의 이마가와 요시모토今川義元
의 인질로 고생했으나 오다 노부나가와 동맹을 맺으며 세력을 확대
했다. 혼노사의 변 이후에는 미카와, 스루가, 도에遠江, 가이, 시나노
5개국을 지배하는 대다이묘가 되었다.

　1590년 히데요시의 영지 교체 명령에 따라 간토로 근거지를 옮
긴 이에야스는 1600년 세키가하라 전투에서 승리해 에도에 바쿠후

를 열었다. 이에야스의 후계자는 3남 히데타다다. 세키가하라 전투에 늦어 한때 이에야스의 노여움을 사기도 했으나 1605년 2대 쇼군에 취임했다. 2대는 아무래도 창업자를 뛰어넘고 싶은 욕심에 새롭게 일을 벌이거나 규모를 확장하려는 경향이 있는데, 자기 그릇 크기를 알았던 히데타다는 그 유혹을 물리치고 철저하게 이에야스를 우러러 받들어 성실하고 정직하게 이에야스의 방법을 답습해 바쿠후의 안정을 도모했다.

바쿠후을 번성시킨
쇼군 세 사람

"나는 태어나면서부터 쇼군이다."

3대 쇼군 이에미쓰는 늘어서 있는 여러 다이묘를 향해 위협하듯 위와 같이 말했다는 전설이 있다.

그러나 이에미쓰의 쇼군 지위는 태어나면서 결정된 것은 아니었다. 이에미쓰는 히데타다의 장남이었으나 히데타다 부부는 차남 타다나가를 편애해 후계자로 삼으려 했다. 이를 안 이에미쓰의 유모 가스가노 쓰보네가 순푸駿府에 있는 이에야스에게 직소해 이에야스가 에도로 가서 이에미쓰를 후계자로 정했다. 닛코 도쇼궁日光東照宮은 이 조치에 감사한 이에미쓰가 막대한 비용을 들여 이에야스를 위해 세웠다.

쇼군이 된 이에미쓰는 법령과 정치기구를 정비하고 바쿠후에 위협적인 다이묘을 차례로 개역에 처하는 동시에 쇄국 제도를 완성했다. 이에미쓰의 장남 이에쓰나는 부친의 죽음으로 11세에 쇼군직을 계승했다. 어려서 정무를 담당할 수 없자 원로 가신들의 집단 협의로 정무를 운영했다. 성인이 되어서도 이에쓰나는 병약해 계속 원로들이 정치를 했다. 이에쓰나는 후계자가 없어 동생 쓰나요시가 5대 쇼군에 취임했다.

쓰나요시는 쇼군에 오르자 불량한 다이묘와 부정 지방관을 처벌하고 정치를 쇄신했다. 그러나 후반에 이르면 정치는 부하에게 맡기고 사치에 빠졌다. 또 "후계자가 없는 것은 개띠 생이면서도 개를 소중히 여기지 않았기 때문이다"라는 점괘를 믿어 극단적인 동물 애호령인 '살생 금지령'을 내려 서민을 괴롭혔다.

명군 이에노부와
개성파 쇼군 요시무네

1603년~1867년: 도쿠가와의 15대 쇼군상 ②

**선정을 행한 명군
이에노부**

이에미쓰의 3남 쓰나시게綱重의 아들인
도쿠가와 이에노부는 고후甲府 성주였는데 5대 쇼군 쓰나요시가 후
사가 없어 48세에 6대 쇼군이 되었다. 이에노부는 먼저 '살생 금지
령'을 폐지했다. 거대한 개집은 철거되고 사육 중이던 동물들은 풀
려났다. 이 법에 저촉된 1만 명에 가까운 사람도 석방되었다. 이 조
치에 감사해 쇼군을 칭송하는 낙서가 길거리에 가득했다. 아라이 하
쿠세키新井白石를 등용해 선정을 베풀고 서민에게 쇼군 행렬 참관을

4장 일본의 통일과 태평 시대

인정했으며 정치 비판 낙서를 직접 읽고 스스로 경계로 삼았다.

사망할 때 네 살 난 적자 이에쓰구家繼가 있었으나 "어린 군주로는 천하를 다스릴 수 없다" 하면서 오와리 가문의 도쿠가와 요시미치에게 쇼군직을 양도하려 했다. 실로 명군이라 할 만하다. 최종적으로 이에쓰구가 7대 쇼군으로 선택되었지만 여덟 살에 죽어 도쿠가와 종가의 혈통은 끊기고, 고산케御三家(도쿠가와 가의 방계 혈족 가문) 가운데 하나인 기슈케紀州家의 요시무네가 8대 쇼군이 되었다.

▼ 에도 바쿠후 15대의 쇼군 ①

이름·재위	사건	향년
1대 **도쿠가와 이에야스** (1603~1605)	1603년 에도 바쿠후 개창. 1613년 그리스도교 금지령. 1615년 오사카 여름 전투에서 도요토미가를 멸함.	75
2대 **도쿠가와 히데타다** (1605~1623)	이에야스의 3남. 다수의 다이묘를 개역하고 바쿠후의 안정을 꾀함.	54
3대 **도쿠가와 이에미쓰** (1623~1651)	히데타다의 적자. 쇄국 제도와 산킨고타이제 실시. 시마바라의 난 평정. 가스가노 쓰보네 덕분에 쇼군이 됨.	48
4대 **도쿠가와 이에쓰나** (1651~1680)	이에미쓰의 적자. 유이 쇼세츠의 난을 계기로 문치 정치 시작. 병약하여 정무는 원로 신하에게 맡김.	40
5대 **도쿠가와 쓰나요시** (1680~1709)	이에쓰나의 동생. 처음에는 선정을 베풀었으나 후반에는 '살생 금지령'을 내려 사람들을 괴롭힘.	64
6대 **도쿠가와 이에노부** (1709~1712)	쓰나요시의 조카. '살생 금지령' 폐지. 아라이 하쿠세키를 등용하여 선정을 베풂.	51
7대 **도쿠가와 이에쓰구** (1712~1716)	이에노부의 아들로 4세에 쇼군이 됨. 황녀와 혼약했으나 8세에 병사.	8

※ 괄호 안의 연도는 재위 기간.

바쿠후 중흥의 영웅, 요시무네

요시무네는 교호 개혁을 단행해 중흥의 영웅으로 칭송된 쇼군이다. 요시무네는 다른 쇼군과 달리 귀족적인 학문에 전혀 관심을 보이지 않고 실학에 열중했다. 천문학과 역학, 법학을 열심히 익혀 스스로 강우량을 조사해 홍수를 예상하기도 했다. 또 서양식 승마를 배우고 부하에게 네덜란드어를 배우게 했으며 해외에서 코끼리를 수입했다. 요시무네는 키가 182센티미터나 되고 귀가 크고 곰보 자국에 얼굴색이 거무튀튀해 주위를 압도했다.

9대 쇼군 이에시게家重는 아버지 요시무네와 정반대로 어리석은 인물이다. 태어날 때부터 병약한 데다가 주색에 빠져 오오쿠에 틀어박혀 있었다. 발음이 명확하지 못해 소바요닌側用人인 오오카 다다미쓰大岡忠光만이 이에시게의 말을 알아듣자 다다미쓰는 절대적인 권력을 휘둘렀다. 이에시게는 뇌성마비를 앓았는지도 모른다.

10대 쇼군 이에하루家治는 이에시게의 장남이다. 어릴 때부터 매우 총명해 조부 요시무네는 그에게 기대를 걸고 직접 제왕학을 전수하고 일류 학자들을 가정교사로 두었다. 그러나 26년에 걸친 치세 동안 이에하루는 이렇다 할 업적을 남기지 못했다. 왜 그랬을까? 그것은 당시 정권을 장악한 다누마 오키쓰구가 이에하루의 간섭을 두려워한 나머지 정치에 관해 논하는 자들을 이에하루에게서 격리함으로써 정치적 무지 상태로 만들었기 때문이다. 이에하루는 풍부한 지식을 활용하지 못한 채 헛되이 죽고 말았다.

정치를 혼란시킨 이에나리,
한 시대를 마감한 요시노부
1603년~1867년: 도쿠가와의 15대 쇼군상 ③

이에나리,
한 시대를 만들었으나……

　　　　　　　　　11대 쇼군 이에나리의 정력은 경이롭다
고 할 수밖에 없다. 후궁을 40명이나 두고 16명에게서 아들 28명과
딸 27명, 모두 55명 얻었다. 마음에 든 여성과는 반드시 관계를 맺
었는데 1813년 한 해에는 자식이 네 명 태어났다.

　이에나리는 자식들을 다이묘에 양자로 입적시키거나 혼인시켰는
데 이러한 관계는 36건에 달했다. 도쿄대학교에 우뚝 솟아 있는 아
카몬赤門은 본래 카가加賀번 저택의 문으로, 마에다前田 가문이 이에

나리의 스물한 번째 딸을 맞아들일 때 신축했다.

이에나리의 차남 이에요시家慶는 45세 때 12대 쇼군이 되었는데 얼마 동안은 은퇴한 이에나리가 실권을 장악했다. 이에요시는 온후하면서 평범한 성격으로 이에나리 사후에도 스스로 정치를 하지 않았다. 부하가 허락을 구하면 모두 "그렇게 하시오"라고 해서 '하시오 님'이라는 별명까지 붙었다.

이에요시의 4남 이에사다家定가 13대 쇼군이 된 지 3년 만에 히토쓰바시 요시노부一橋慶喜와 기슈케의 도쿠가와 요시토미德川慶福 사이에 쇼군 계승 분쟁이 일어났다. 이에사다의 나이가 아직 30대 전반이었고 그 전해에 21세 된 도쿠히메篤姬를 정실로 맞이했으므로 대를 이을 개연성은 충분히 있었다. 로주 구제 히로치카久世廣周의 증언에 따르면 '쇼군은 성적 불능자'였던 듯하다. 공공연한 비밀이라 일찍부터 계승 분쟁이 일어난 것이다.

그만두고 싶어한 쇼군과 그만둔 쇼군

　　　　　　　1858년 이에사다가 한창때인 35세에 각기병으로 사망했다. 도쿠가와 요시토미가 14대 쇼군에 취임하고 이름을 이에모치家茂로 바꾸었다. 이때 12세였다. 이에모치 치세에 존왕양이론尊王攘夷論의 바람이 거세게 불어 조정의 권위가 강화되고 바쿠후의 위세가 쇠퇴하기 시작했다. 이에모치는 천황의 여동생 가즈노미야和宮를 정실로 맞아 공무합체公武合體를 추진했으나 불가능한 양이의 결행을 조정과 약속하는 바람에 양이를 기원하는 천황의 가모사賀茂社 행차를 따라가야 했다. 성실한 이에모치는 자신의 무력함을 통감하고 조정에 사직을 신청했다. 조정은 이를 거절했으나 얼마 안 되어 이에모치는 오사카성에서 병사했다.

미토水戶가 출신인 히토쓰바시 요시노부는 1866년 12월 15대 쇼군이 되었다. 바쿠후 와해는 시간문제였다. 요시노부는 군사개혁을 하고 바쿠후를 바로 세우려고 필사적으로 노력했으나 역부족이었다. 1867년 10월 토사한土佐藩의 의견에 따라 다이세이봉환大政奉還을 행했다. 이로써 쇼군가의 장구한 역사는 막을 내렸다.

미토 고몬의
놀랄 만한 실상

1628년~1700년: 도쿠가와 미쓰쿠니라는 인물

**미토가의
미토 고몬**

　도쿠가와 고산케御三家라 할 때 가장 먼저 생각나는 인물은 미토가의 미토 고몬水戸黄門(도쿠가와 미쓰쿠니德川光國)이다. 그에게는 천하의 부쇼군副將軍으로, 약자 편이라는《미토 고몬 만유기水戸黄門漫遊記》와 텔레비전 드라마의 인상이 고착되어 있다. 그러나 실상은 일반적 이미지와 전혀 달랐다.

　《도원유사桃源遺事》에 따르면, "얼굴색은 희고 키가 크며…… (중략) …… 콧날이 높고 …… (중략) …… 젊었을 때는 천하의 미남이란 소문이 있었다."

이는 미쓰쿠니의 용모를 묘사한 글이다. 실존 인물인 미쓰쿠니는 스미다가와隅田川의 뱃놀이와 가부키를 좋아하고 유곽에도 자주 출입했으며 더할 나위 없는 애주가였다. 만취해서 집에 왔던 손님이 돌아가는 줄도 모를 정도로 엄청나게 과음하기 일쑤였다.

또 '도모에巴'라는 단골 여성이 매춘 굴인 요시와라吉原에 있었다고 한다. 술친구인 히젠 오기한슈 나베시마 모토타게鍋島元武에게 "네 여자가 외로워하던데 요시와라에 얼굴이나 비추지 그래"라고 놀리는 미쓰쿠니의 편지도 남아 있다.

가신 중에 흑인이 있었다?

미쓰쿠니는 외국 문물에 큰 흥미를 보였다. 토마토와 자카르타 감귤나무를 해외에서 들여와 농민에게 재배시키고 가신을 나가사키에 파견해 네덜란드 의학을 학습하게 했다. 중국의 지식인을 영내로 초빙하거나 조선 통신사와 직접 교류하기도 했다. 특이하게도 어디에서 데려왔는지는 모르나 흑인을 가신으로 두었다. 그 흑인의 후손은 놀랍게도 바쿠후 말기까지 미토가를 섬겼다. 1688년에는 아이누인과 교역하는 데 성공해 곰과 수달, 바다사자의 모피를 수입했다. 이처럼 미쓰쿠니의 눈은 항상 세계를 향해 열려 있었다.

1690년 미쓰쿠니는 양자 쓰나에다綱條에게 자리를 넘겨주고 은거했다. 그 이유도 기발했다. 지병인 치질이 악화되어 하혈이 심해지자 혹 쇼군 거처에서 실수라도 할까 걱정했기 때문이다.

쓰나요시가 만든
천하의 악법은?

1685년~1709년: 살생 금지령

**개인적 이유만으로
법령 발포**

　　　　　　　　　　'살생 금지령'만큼 희한한 법령은 없다. 우선 취지도 이상하다. 5대 쇼군 쓰나요시는 1683년 도쿠마쓰마루德松丸를 잃고 나서 아들을 얻지 못했다. 한 승려가 그 이유를 전생에 살생을 좋아한 업보라면서 "상속자 탄생을 바란다면 생명체를 아껴라. 특히 쇼군은 개띠이기 때문에 개를 귀하게 여겨야 한다"라고 쓰나요시의 모친을 통해 쇼군에게 충고했다. 쓰나요시는 이 말을 그대로 받아들여 살생 금지령을 내렸다. 이 '살생 금지령'은 쓰나요시 치세에서 연이어 내려진 동물 애호령의 총칭으로 24년간 60회에 걸쳐 법령이 발포되었다.

"쇼군 행렬이 지나는 곳에 개와 고양이가 지나가도 상관없다"라는 1685년 법령이 최초이며 갈수록 내용이 점점 더 희한해졌다. '기르는 개의 털 색깔을 등록하라→식용으로 물고기와 새를 사육해서는 안 된다→낚시를 금한다'는 식이며 "각 가정의 금붕어 수를 상세하게 써서 제출하라"라는 명령에 이르러서는 놀라움을 넘어 기가 막힐 노릇이다.

인간보다
동물을 중시

이 법령이 악법인 까닭은 동물을 인간보다 중시했다는 데에 있다. 위반자는 엄벌에 처해졌다. 예를 들면 어떤 사람은 다섯 살 난 병든 자식에게 제비를 먹이려고 정원의 제비를 화살로 잡았다가 자식과 함께 처형되었다. 어떤 사람은 뺨에 붙은 모기를 죽였다고 유배되었다.

살생 금지령이 반포된 이후에도 거리에는 먼지가 쌓였다. 도로에 먼지가 일지 않도록 물을 뿌리면 장구벌레가 죽을지도 모르기 때문이었다. 그야말로 농담을 벗어나 괴담이 되어버렸다.

1695년 바쿠후는 오쿠보大久保에 8만 2,650제곱미터, 나카노中野에 52만 8,925제곱미터라는 넓은 토지를 확보해 들개를 수용하는 거대한 개집을 지었다. 공사비로 은 2,300관, 쌀 5,500석을 들였다. 이곳에서는 개가 약 8만 마리 사육되었는데 현재 금액으로 연간 70억 엔 이상이 사육비로 지출되었다. 이 금액은 모두 서민이 부담했다.

쓰나요시는 임종 때 "살생 금지령은 100년 후까지 계속했으면 좋겠다"라는 어처구니없는 유언을 남겼다. 다음 쇼군 이에노부는 쓰나요시의 장례식이 끝나기도 전에 이 법령을 철폐했다. 당연한 선택이었다.

왜 복수가 성행했을까?

17세기~19세기: 복수의 유행

복수는
남색에서 시작되었다?

'복수'는 주군과 근친자가 살해되었을 때 가신과 일족이 보복하기 위해 상대방을 살해하는 것이다. 에도 시대 복수는 뜻밖에도 남색男色에서 시작했다. 오카야마번의 사무라이 가와이 마타고로河合又五郎는 오카야마 한슈 이케다 다다오池田忠雄의 애인 와타나베 겐다유渡邊源太夫를 살해했다. 사건은 사랑을 호소한 마타고로에게 겐다유가 냉담하게 대했기 때문에 발생했다고 한다. 애인이 살해당하자 한슈 이케다는 격노해 겐다유의 형 와타나베 스바渡邊數馬에게 마타고로를 죽이라고 명령했다.

마타고로는 이미 도망쳐 어느 하타모토의 집에 숨어 있었는데, 겐다유의 형은 의형 아라키 마타에몬荒木又右衛門의 도움을 받아 마타고로의 소재를 밝혀낸 뒤, 이가노구니伊賀國 우에노上野의 자물쇠 집 네거리에 매복했다가 멋지게 복수에 성공했다. 1634년 11월 7일의 일이었다. 이것이 야담 등에서 유명한 '자물쇠 집 네거리의 복수'다.

영웅 마타에몬을 둘러싼 소문

그런데 복수하기 전 마타에몬은 야마토고리야마大和郡山번의 검술 지도를 담당했기 때문에 야마토고리야마번은 명성을 떨친 마타에몬이 당연히 자기들 쪽으로 돌아오리라 희망했다. 한편 이케다번도 한슈의 한을 푼 마타에몬을 스바와 함께 영입하려 했다. 두 번이 두 명을 둘러싸고 경쟁해 그들은 사건 현장인 도도藤堂번에서 4년간 머물렀다.

결국 이케다번 쪽이 승리했다. 도도번에서 260명, 이케다번에서 160명을 파견해 엄중히 경계한 가운데 후시미伏見에서 두 명을 인도했다. 그런데 이케다번에 도착한 지 2주일 만에 마타에몬이 갑자기 죽었다. 이에 대해 마타에몬의 자살설, 강제 할복설, 독살설 등 지금까지도 여러 억측이 난무하지만 정설은 확립되어 있지 않다.

그런데 흥미로운 것은 생존설이다. 야마토고리야마번이 마타에몬을 완전히 체념한 것이 아니어서 이케다번 쪽에서 죽었다고 소문을 내고 영지 안에 숨겼다는 주장이다. 사실 마타에몬이 죽은 뒤 이케다번은 마타에몬의 처자를 돗토리로 불러들여 특별히 급여를 준 것으로 판명되었다. 통상적으로는 있을 수 없는 융숭한 대접이다.

4장 일본의 통일과 태평 시대

에도 시대에도
생활협동조합이 있었다?

1762년 도이 도시사토土井利里는 가라즈唐津 7만 석에서 고가古河 7만 석으로 전봉되었다. 영지는 똑같이 7만 석이지만 고가의 토지는 척박해 연공 징수량은 반으로 줄었다. 더욱이 지샤부교寺社奉行에 취임하기 위해 도시사토는 다누마 오키쓰구에게 막대한 뇌물을 주었고 그것이 점차 번의 재정을 어렵게 만들었다.

도시사토는 1744년 아사쿠라 라이보朝倉賴母를 가로家老로 발탁해 번정 개혁에 착수했다. 라이보는 번정 개혁을 '신법新法'이라 하고 기간을 10년에 한정해 검약령을 중심으로 해서 100개 조에 달하는 엄격한 지령을 내렸다. 동시에 번 무사들의 불만을 누그러뜨리기 위해 무사들이 지고 있는 부채를 모두 번이 떠맡는다는 획기적인 조치를 취했다. 라이보가 실시한 정책들 가운데 가장 독특한 것이 '공동구판장제도'다. 간단히 설명하면 공동구판장(번 직영 시설)에서 모든 생활필수품을 구입하게 하는 것이다.

우선 가신 모두에게 통장을 주어 사전에 구입 희망 물품을 기입하게 하고 정기적으로 구판장 근무자가 통장을 거둬들인다. 공동구판장이 통장에 기재된 물품들을 일괄 구매해 각 호로 배달한다. 대금은 다음 달 지급되는 봉록미(급료)에서 제한다. 월부 상환도 인정되었다. 마치 현대의 생활협동조합이나 통신판매 같다. 그러나 이제도는 4개월 만에 파탄에 이르렀다. 자기 급료를 고려하지 않고 지불 능력을 초과해 물품을 구입하는 이가 속출했기 때문이다. 현대식으로 말한다면 결국 신용 대출에 따른 파산인 셈이다.

신센구미 탈주자 중
곤도 이사무의 아들이 있다!

신센구미新撰組(에도 시대 말기에 바쿠후 반대파를 살해하던 무사의 패) 법도(규칙)의 하나에 '이탈을 허락하지 않는다'가 있다. 탈주는 죽음을 의미했다. 신센구미 간부는 탈주자를 집요하게 추격해 거의 대부분 살해했다.

그러나 운 좋게 도망에 성공한 사람이 있다. 곤도 슈헤이近藤周平도 그중 한 명이다. 놀랍게도 곤도 슈헤이는 신센구미의 두목 곤도 이사무近藤勇의 양자다. 슈헤이는 처음에 타니 쇼다케谷昌武라 했다. 타니 가는 마쓰야마松山번 5만 석 사카쿠라板倉의 가신으로 120석의 상위 무사였다. 그러므로 신센구미에서 가장 가문이 좋았다. 게다가 쇼다케는 용모가 수려하고 사카쿠라의 사생아라는 소문조차 있어 곤도는 그를 양자로 삼아 이름을 슈헤이로 바꿨다. 슈헤이는 매우 용감해 이케다야池田屋 사건 때도 창이 부러질 정도로 양부를 따라 열심히 싸웠다.

그러나 결점이 하나 있었는데 품행이 나빴다. 숙소에 여성의 출입이 끊이지 않아 곤도가 몇 차례 주의를 주었지만 슈헤이는 듣지 않았다. 그 때문에 양부·양자 관계는 깨지고 말았다.

슈헤이는 탈주해 체포되지 않은 채 메이지유신을 맞이했고 게이오慶應 4년 초라한 모습으로 에도에 나타났다. 곤도 이사무의 처 쓰네가 "슈헤이도 여자 때문에 저렇게 되었다"라고 말한 것으로 보아 여성 문제로 탈주한 것 같다.

1880년 슈헤이는 네 살 난 딸 마사에政榮를 데리고 고베에서 11세 연상인 재봉사와 결혼했다. 마사에가 누구 아이인지는 불명확하다. 1887년 이혼하고 산요 철도에 입사해 하급 직원으로 살다 1901년 12월 2일 병사했다. 기구한 운명이었다.

오이에 소동으로 유명한
구로다 소동

1624년~1867년: 오이에 소동의 실제 모습

다이묘가 내부는
분쟁투성이?

　　　오이에御家 소동은 여러 다이묘 집안에서 발생하는 대립과 항쟁이 조용히 사그라지지 않고 표면화된 사건을 말한다. 여기에서는 다테伊達 소동, 가가加賀 소동과 함께 '일본 3대 오이에 소동' 중 하나인 구로다黑田 소동의 진상을 알아보자.

　　에도 시대 초기인 1632년 후쿠오카번의 가로 구리야마 다이젠栗山大膳이 "우리 주군에게 모반의 의혹이 있다"라고 바쿠후에 고발한 데서 소동이 시작되었다. 가신이 주군을 고발하는 것은 있을 수 없는 일이었다. 도대체 왜 이러한 사태가 벌어졌을까.

항간에 전하는 바에 따르면 후쿠오카의 한슈 구로다 다다유키黒田忠之는 아둔한 폭군으로 후다이譜代의 중신을 업신여기고 측근 정치를 했으며 사생활도 매우 사치스러워 번의 재정을 악화시켰다고한다. 가로 구리야마는 주군에게 자주 간언했으나 받아들여지지 않자 고민하다 이러한 행동을 취하게 되었다고 한다.

웬일인지
원만하게 처리되었으나……

이에미쓰 쇼군(3대 쇼군)은 사실을 밝히기 위해 1633년 한슈 다다유키와 가로 구리야마를 에도로 불러 바쿠후 고위직이 모두 참석한 가운데 양자를 대면시켰다. 그 결과 다다유키의 무죄가 입증되어 영지도 무사하게 되었다. 그런데 바쿠후는 구리야마가 주군을 고발했음에도 모리오카盛岡번에 머물러야 한다는 가벼운 처분을 내리고 평생 150명분의 무사 급여를 수여했다. 이 때문에 구리야마의 행위는 주군 다다유키에 대한 바쿠후의 의심을 공공장소에서 해명하기 위한 연극이었다는 견해가 설득력이 있었다.

한슈에 대한 반역이
오이에 소동의 정체

그러나 이는 잘못 본 것이다. 구로다 소동은 한슈의 권한 강화를 노린 젊은 다다유키와 구리야마 등 중신층이 맹렬히 반발해 일어난 사건이다.

쇼군 이에미쓰의 시대는 바쿠한 체제의 확립기로 여러 번에서는 전국 시대에 강력했던 중신의 발언권을 억누르고 한슈의 권력을 강화해 한슈를 정점으로 한 피라미드 조직을 형성하려고 했다. 즉 구로다 소동은 한슈가 절대군주화하는 과정에서 일어난 중신층과의 알력이었다. 실제 소동 후에도 이노우에 슈바井上主馬 등 중신들이 다다유키의 통치를 견디지 못하겠다며 후쿠오카 번을 떠났다는 사실이 그 증거라 할 수 있다.

에도의 도덕, 유학이란?

1603년~1867년: 유학의 역사

주자학은 지배자에게
편리한 학문

　　에도 시대에 사회가 안정되자 위정자들에게 유학이 필수 교양으로 등장했다. 서민도 도덕으로 유학을 중시해 확대·보급되었다. 일본 유학에는 크게 주자학, 양명학, 고학 3파가 있는데 그 가운데 바쿠후의 정통 학문인 주자학이 주류였다.

　　주자학은 남송의 주희朱熹가 집대성한 학문으로 일본에는 가마쿠라 시대에 전래되었다. 군신 상하의 신분적 질서를 절대시하는 대의명분론이 봉건적 지배의 정당성을 주장하는 지배층 견해에 유리해 다이묘와 무사 사이에 급속도로 확산되었다.

일본 주자학에는 경학京學과 남학南學 두 파가 있다. 주류는 경학으로 창시자는 교토 아이고쿠사相國寺의 승려 후지하라 세이카藤原惺窩다. 그의 제자 하야시 라잔林羅山은 도쿠가와 쇼군가에 중용되었고, 하야시 노부아쓰林信篤는 5대 쇼군 쓰나요시 대에 다이가쿠노가미大學頭에 임명되어 히지리토聖堂를 주재하는 등 융숭한 대접을 받았다. 남학은 토사의 미나미무라 바이켄南村梅軒이 창시해, 다니 지주谷時中, 노나카 겐잔野中兼山 등을 배출했다.

양명학은
반체제 사상

양명학은 명의 왕양명王陽明이 창시한 학파로 '지행합일知行合一(지식과 도덕은 바로 실천으로 이행시켜야 한다)'을 무엇보다도 중시했다. 일본에서 최초로 양명학을 신봉한 이는 나카에 도주中江藤樹다. 그는 오미近江 성인으로 칭송되며 제자를 많이 두었다. 그 제자 가운데 한 명이 구마자와 반잔熊澤蕃山이다.

반잔은 오카야마 한슈 이케다 미쓰마사池田光政가 등용했으나 저서《대학혹문大學或問》에서 무사가 지역에 토착성을 가져야 한다고 주장하고 정치를 비판해 시모사노쿠니 고가古河에 유폐되었다. 덧붙여 유이 쇼세쓰는 반잔의 영향을 받아 반란을 일으켰다. 양명학자에는 오시오 헤이하치로大鹽平八郎, 사쿠마 쇼잔佐久間象山, 요시다 쇼인吉田松陰 등 반체제파 사람들이 많고 바쿠후 말기의 지사 중에도 양명학을 받드는 자가 많았다.

고학은
원전原典주의

주자학과 양명학에 만족하지 않고 공자와 맹자의 원전부터 배우려는 이들을 고학파라 한다. 고학은 야마가 소고山鹿素行의 성학파聖學派, 이토 진사이伊藤仁齋의 호리가와학파堀川學派, 오규 소라이荻生徂徠의 고문사학파古文辭學派로 나뉜다. 야마가 소고는 주자학을 비판해 아코赤穂로 유배되었다가 나중에 아코의 아사노淺野가에서 벼슬을 했다.

에도 중기에 등장한
일본의 새로운 학문

17세기 후반~19세기 초: 국학의 역사

국학을 만들어낸
네 사람

'국학國學'이란 일본의 고전과 고대사를 연구해 유교와 불교가 도입되기 전 일본인의 정신을 밝히고 일본 독자의 사상를 구명하고자 하는 학문이다. 국학의 선구적 움직임은 에도 중기에 시작되었는데 이를 학문으로 확립한 사람은 국학의 4대 인물로 불리는 가다노 아즈마마로荷田春滿, 가모노 마부치賀茂眞淵, 모토오리 노리나가本居宣長, 히라타 아쓰타네平田篤胤 네 명의 국학자이다. 여기서는 이들의 인간상을 간단하게 소개한다.

국학을 학문으로 성립한 사람은 가다노 아즈마마로다. 교토의 후시미 신사의 신관神官을 지낸 그는 일본인 고래의 정신을 명확히 하기 위해 고어와 고전 연구를 장려했다. 에도에 상경해 제자를 받아 자기 연구 방식을 전했다. 참고로 아즈마마로는 기라 고즈케노스케吉良上野介에게도 고전 강의를 했는데 오이시 구라노스케大石内藏助와 알고 지내며 기라 저택의 상황을 아코 무사들에게 전해주는 등 적극적으로 복수에 협력했다.

아즈마마로의 제자 가모노 마부치는 하마마쓰濱松 신관의 아들로 태어나 하마마쓰숙 와키모토친濱松宿脇本陣(숙박업과 비슷한 업종이다) 우메야가梅谷家의 데릴사위가 되었다. 그러나 가업을 소홀히 하고 학문만 연구해 장인은 마부치와 딸을 이혼시키려 했다. 마부치의 처는 "저 사람은 반드시 유명해질 테니 학문에 전념하도록 해달라"라고 간절히 부탁했다. 그러한 내조 덕분에 후에 국학자로 대성해 쇼군 요시무네의 아들 다야스 무네다케田安宗武에게 등용되었다. 마부치는 고대인의 '높고 바른 마음'을 칭찬해 옛 도古道로 복귀하자고 주장했다.

이세의 마쓰자카松坂의 소아과 의사 모토오리 노리나가는 가모노 마부치를 만난 뒤 감화받아 제자로 들어가 국학 연구에 힘썼다. 특히 30여 년에 걸쳐 완성한《고사기전古事記傳》44권은 고사기 연구의 집대성으로 압권이다. 이를 뛰어넘는 연구서가 아직 나타나지 않았다.

노리나가는《고사기》의 '신 그대로의 도道'와《겐지 모노가타리》

의 '모노노 아와레(사물 '모노'에 접해 일어나는 마음의 감동 '아와레'를 표현하는 것을 문예의 본질로 파악하는 것)'의 정신이야말로 일본의 혼이 깃든 것으로 '중국의 사상漢意'을 버리고 '야마토의 마음大和心(일본인 본래의 정신)'으로 돌아가야 한다고 주장했다. 노리나가는 500명에 이르는 제자를 두었다고 한다.

노리나가의 영향을 받은 아키다秋田번의 무사 히라타 아쓰타네는 국학을 국수주의적 관점으로 이해해 존왕 사상을 주장하고 신도神道의 복고를 확립했다. 그러나 불교와 유교를 격렬하게 배격해 바쿠후는 그를 기피했다. 바쿠후는 그의 저술을 금지하고 에도에서 아키다로 쫓아내 다시는 에도로 돌아오지 못하게 했다. 그러나 그의 존왕 사상은 근왕勤王의 지사에 큰 영향을 끼쳤다.

난학은
어떻게 시작되었나?

17세기 후반~19세기 후반: 난학의 역사

**난학의
출발점**

여기 250쪽짜리 책이 있다. 문자는 모두 전혀 모르는 외국어로 표기되어 있다. 그것을 사전도 없고 통역도 없이 번역하려고 한다면 대체로 시간이 얼마만큼 걸릴까? 스기타 겐바쿠杉田玄白는 몇 명과 함께 4년 동안 작업했다.

겐바쿠 그룹이 도전한 책은 네덜란드어로 쓰인 의학 해부서로 원제는 '타펠 아나토미아Tafel Anatomia'다. 일본에는《해체신서解體新書》라는 제목으로 나왔다. 이 책이 번역되면서 일본의 의학 기술은 급속히 발전했으며, 이로써 난학蘭學(후에 양학으로 불림)이 보급되는 계기가 되었다. 이러한 의미에서는 획기적인 일이었으나 번역은 보통 어려운 작업이 아니었다.

겐바쿠는 인체를 해부하면서 이 의학서를 번역하려고 마음먹었다. 손에 넣은 《타펠 아나토미아》의 해부도가 눈앞의 인체와 모두 일치했다. 깜짝 놀란 겐바쿠 등은 이 책을 번역해야겠다고 결심했다. 막상 번역을 시작했지만 "노와 키 없는 배를 넓은 바다로 끌고 나온 것처럼 망망대해에서 의지할 데 없어 기가 막히기까지 했다." 그러면 어떻게 했을까.

그림에 의존했다

겐바쿠 등은 먼저 책 사이에 끼어 있는 인체 해부도에 의지했다. 그들은 의사라 장기 명칭은 대조할 수 있었다. 이렇게 번역한 장기 이름을 모두 본문에 대응하고 그룹 내에서 네덜란드어를 가장 잘하는 마에노 료타쿠前野良澤가 알고 있는 모든 단어를 일본어로 번역했다. 이렇게 해서 본격적으로 번역을 시작했다.

그러나 처음에는 '눈썹은 눈 위에 난 털이다'라는 문장 하나도 풀지 못하고 날이 저문 적도 있었다. 너무나 막막해 탈락자가 속출했다. 그렇지만 겐바쿠는 단념하지 않고 계속해서 작업했다. 이윽고 조금씩이나마 진전이 있어 번역을 시작한 지 1년이 되자 하루에 10줄 정도 번역할 수 있었다. 점차 번역에 맛이 들자 마쓰리(축제)에라도 놀러가는 것처럼 번역 모임이 즐거워졌다. 모임 전날은 기대로 가득 차 잠이 오지 않을 정도였다. 어려움을 맛본 자만이 얻을 수 있는 기쁨이다.

겐바쿠는 번역한 원고를 집으로 가져가 다시 한 번 점검하고 문장을 공부했다. 그리하여 초고 수정을 11회 거친 뒤인 1774년 마침내 《해체신서》를 간행했다.

홋카이도만의
역사가 있다!

1만 년 전~1868년: 홋카이도 역사

헤이안 시대까지
조몬 문화가 있었다?

홋카이도라는 명칭은 메이지 시대에 들
어서 생겼고 그 전까지는 에조치(蝦夷地)라고 불렸다. 에조치에는 혼
슈와 같은 시기인 약 1만 년 전 조몬 문화가 유입되었다. 그러나 그
후 농경은 도입되지 않아 조몬의 수렵·채취 문화가 지속되었다. 이
것을 속 조몬 시대라고 한다.

다시 시대를 내려가면 이곳은 오호츠크 문화의 영향을 강하게 받
았다. 그래서 안쪽을 갈아 광택이 나는 찰문(擦文) 토기를 특징으로 하

는 찰문 문화(일본의 나라, 헤이안 시대)를 꽃피웠다. 그런데 예부터 에조치에는 아이누인이 살고 있었다. 아이누는 와진和人(일본인)과 인종적으로 다르지만 어떤 인종인지는 확실하지 않다. 몇 해 사이 와진과 같은 민족이라는 견해도 유력하게 제기되고 있다.

와진은 가마쿠라 시대에 싯켄 호조 요시도키가 도호쿠의 안도安東씨를 에조 간레이管領에 임명하면서 에조치에 진출했다. 아이누인을 복속하고 그들의 교역을 관리해 이익을 빼앗으려고 한 것이다. 이어 안도씨의 다이칸代官 마쓰마에松前씨가 전국 시대에 에조치를 통일해 교역권을 독점하고 에도 시대에 들어서도 아이누인을 관리했다. 물론 마쓰마에번의 지배에 아이누인이 순순히 따르지는 않았다. 아이누인은 자주 반란을 일으켰는데 가장 큰 난이 1669년의 '샤쿠샤인의 난'이다.

| 원주민
| 샤쿠샤인의 반란

시부차리染退의 추장 샤쿠샤인은 추장들끼리의 세력 다툼에서 승리하며 차례로 주변 영토를 제압했지만 마쓰마에번은 이를 못 본 체했다. 자신이 생긴 샤쿠샤인은 마쓰마에번을 경시하다가 마침내 1669년 마쓰마에의 상선을 탈취하고 와진 인부들을 살해했다. 이에 아이누인 다수가 호응해 배 수십 척을 습격하고 와진을 270명 이상 살해했다. 게다가 샤쿠샤인은 대군으로

마쓰마에(현재 홋카이도 후쿠야마)를 공격할 태세를 보였다. 놀란 마쓰마에번은 반란을 바쿠후에 통보하고 히로사키弘前번과 모리오카盛岡번에 원조를 요청했다.

그 후 마쓰마에씨는 강화를 제의하는 척 샤쿠샤인을 유인해 처벌했다. 난의 기세는 한풀 꺾여 2년 후 겨우 진압되었다. 메이지유신 이후 정부는 에조치를 홋카이도로 이름을 바꿔 일본 영토의 일부로 편입했다.

제자의 능력을 키워주는
가쓰 가이슈

"천하에 둘도 없는 군학자軍學者 **가쓰 린타로**勝麟太郎(가쓰 가이슈勝海 舟라는 이름이 더 유명하다)라는 대선생의 문하생이 되어 특별한 사랑 을 받고 있다. 손님처럼 대해주는데 (……) 남들에게는 드러내지 않 지만 으쓱거려지는 것은 사실이다."

이는 사카모토 료마坂本龍馬가 누이에게 보낸 편지의 일부다. 천진 난만하게 가쓰를 '천하에 둘도 없다'고 칭찬하면서 낭인인 자신을 바쿠후 군함軍艦 부교가 '손님'처럼 따뜻하게 대해주었다며 만족스 러워하고 있다. 하지만 이것이 가쓰의 교육 방침이었다.

"예컨대 재능이 있어도 젊은 사람이라고 해서 꼬마처럼 여겨 언제까지 손아래로 대하는 것은 잘못이다."

"청년을 인도하기 위해서는 될 수 있는 대로 그들이 비굴해지지 않고 고상한 기품을 가지도록 도와주지 않으면 안 된다(《빙천청화氷川清話》)."

이처럼 가쓰는 제자의 존엄을 상하지 않게 배려하면서 재능을 끌어올렸다.

언젠가 가쓰가 10명뿐인 제자를 이끌고 사쿠마 쇼잔을 방문한 적이 있다. 쇼잔은 가쓰의 초라한 행색을 보고 "중요한 직책에 있는 자가 시종과 같은 복장을 해서는 직분을 다할 수 없다"라고 충고했다. 가쓰는 "선생은 내 제자들을 가볍게 보지만 그들은 훗날 당신보다 출세할지도 모른다. 그러므로 나는 그들을 형제로 대우한다. 그들은 결코 내 시종이 아니다"라고 반론했다. 이처럼 좋은 스승에게서 배우고도 능력을 떨치지 못하는 제자가 있을까.

5장

근대화하는
일본

메이지유신에서
태평양전쟁으로

근대 10대 사건

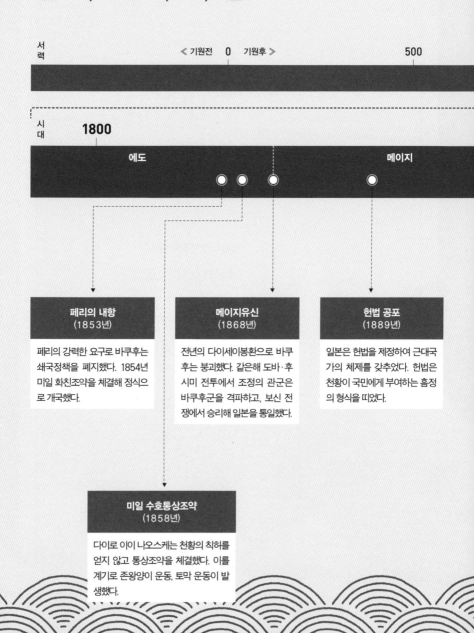

| 서력 | ≪ 기원전 0 기원후 ≫ | 500 |

| 시대 | 1800 | |

에도   메이지

페리의 내항
(1853년)

페리의 강력한 요구로 바쿠후는
쇄국정책을 폐지했다. 1854년
미일 화친조약을 체결해 정식으
로 개국했다.

메이지유신
(1868년)

전년의 다이세이봉환으로 바쿠
후는 붕괴했다. 같은해 도바·후
시미 전투에서 조정의 관군은
바쿠후군을 격파하고, 보신 전
쟁에서 승리해 일본을 통일했다.

헌법 공포
(1889년)

일본은 헌법을 제정하여 근대국
가의 체제를 갖추었다. 헌법은
천황이 국민에게 부여하는 흠정
의 형식을 띠었다.

미일 수호통상조약
(1858년)

다이로 이이 나오스케는 천황의 칙허를
얻지 않고 통상조약을 체결했다. 이를
계기로 존왕양이 운동, 토막 운동이 발
생했다.

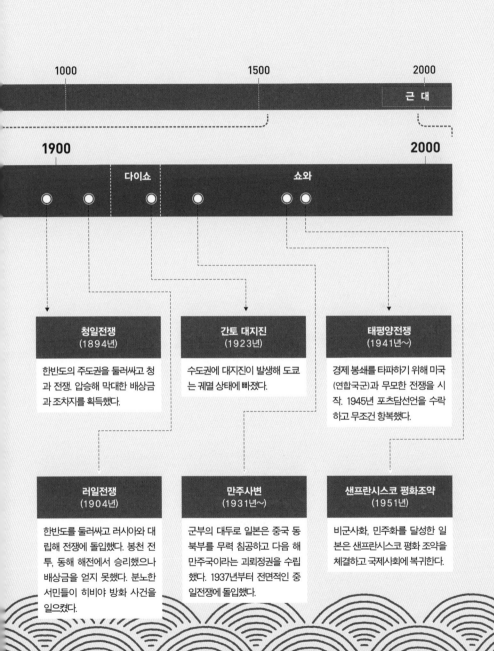

1000   1500   2000

근 대

1900   2000

다이쇼   쇼와

청일전쟁
(1894년)

한반도의 주도권을 둘러싸고 청과 전쟁. 압승해 막대한 배상금과 조차지를 획득했다.

간토 대지진
(1923년)

수도권에 대지진이 발생해 도쿄는 궤멸 상태에 빠졌다.

태평양전쟁
(1941년~)

경제 봉쇄를 타파하기 위해 미국(연합국군)과 무모한 전쟁을 시작. 1945년 포츠담선언을 수락하고 무조건 항복했다.

러일전쟁
(1904년)

한반도를 둘러싸고 러시아와 대립해 전쟁에 돌입했다. 봉천 전투, 동해 해전에서 승리했으나 배상금을 얻지 못했다. 분노한 서민들이 히비야 방화 사건을 일으켰다.

만주사변
(1931년~)

군부의 대두로 일본은 중국 동북부를 무력 침공하고 다음 해 만주국이라는 괴뢰정권을 수립했다. 1937년부터 전면적인 중일전쟁에 돌입했다.

샌프란시스코 평화조약
(1951년)

비군사화, 민주화를 달성한 일본은 샌프란시스코 평화 조약을 체결하고 국제사회에 복귀한다.

급속한 근대화와 파멸
그리고 부흥으로

일본인은 왜 페리에게
알레르기 반응을 보였을까?

　　　　　　　　　19세기의 100년간은 아시아 여러 나라
를 혼란으로 몰고 간 엄청난 기간이었다. 산업혁명을 달성한 유럽
열강이 식민지를 확보하려고 해일처럼 밀어닥쳤다. 물론 일본도 예
외는 아니었다. 에도 바쿠후는 국민이 해외와 교류하지 못하게 함으
로써 250년이라는 장구한 세월 안정된 지배를 계속할 수 있었다.

　　그러나 그로써 국민에게는 세계정세가 전혀 전달되지 않았고, 국
민은 일본이라는 작은 나라가 세계의 전부라고 착각하게 되었다. 그

러던 차에 근대를 상징하는 거대한 증기선을 탄 페리가 찾아와 잔뜩 녹슨 빗장을 부수고 대문을 열어젖혔다.

이 갑작스러운 사건으로 사람들은 잠시 얼이 빠졌다. 그러나 다음 순간 국내에서 순수하게 배양되어온 일본인 몸속에서 알레르기 반응이 강하게 나타났다. 침입한 이물질을 배척하는 면역 시스템이 가동되듯 존왕양이 운동이 끓어올랐다. 응급조치에 실패한 바쿠후는 신뢰를 잃어 페리가 내항한 지 15년 만에 망하고 말았다.

급속한 근대화와 파멸,
그 후 기적적인 부흥

"일본은 식민지로 전락할 것이다."

새로이 탄생한 메이지 정부는 강렬한 위기감에 놀라운 속도로 근대화를 추진했다. 수십 년 사이에 헌법을 비롯한 여러 제도를 정비하고 청일·러일전쟁에서 승리해 아시아의 강국으로 등장했다. 그러나 이들 전쟁에서 승리한 것이 오히려 일본의 길을 그르치는 결과가 되었다.

한때 '다이쇼大正 데모크라시'라는 민주적인 방향으로 나아가기도 했으나 군부가 대두하면서 군국주의 국가로 변모했다. 그리고 '대동아공영권大東亞共榮圈'이라는 환상을 품고 미국과의 승산 없는 전쟁 속으로 돌진하더니 마침내 파탄에 빠지고 말았다.

전쟁 후 비록 미국이 주도했지만 일본은 비무장 민주국가로 다시 태어났다. 타고난 근면성과 기술력을 바탕으로 수출량을 급격히 늘렸다. 그리고 1950년의 한국 전쟁 이래 약 20년간 기적적으로 고도 경제성장을 지속해 세계 유수의 부유한 나라가 되었다.

바쿠후 말기
속속 들이닥친 외국 선박

1792년~1853년: 흑선의 내항

가까운 러시아가
먼저 왔다

일본이 에도 중기에 다다른 18세기, 유럽 여러 나라에서는 이미 산업혁명이 일어났다. 그들은 새로운 시장과 식민지를 구하려 해상으로, 또 아시아로 일시에 밀어닥쳤다. 일본도 예외는 아니었다. 18세기 후반이 되자 다른 나라 선박들이 일본 근해에 출몰하기 시작했다.

먼저 찾아온 나라는 러시아였다. 1792년에는 예카테리나 여제의 사절로 라크스만이 네무로根室를, 1804년에는 전권대사全權大使로

레자노프가 나가사키를 방문해 통상을 요구했다. 바쿠후는 쇄국을 이유로 이를 거절했으나 1811년에는 무단으로 구나시리國後道에 상륙한 해군 소령 고로닌을 바쿠후 관리가 체포하는 사건이 일어났다. 그러나 나폴레옹의 영향으로 러시아의 남하는 일시적으로 중단되었다.

러시아를 대신한 나라가 영국이다. 1808년 페리 대령을 함장으로 하는 배가 나가사키에 침입해 네덜란드인 두 명을 인질로 잡고 3일 동안 항만 내를 항해하다 물러가는 사건이 일어났다. 프랑스와 대립한 영국이 프랑스에 병합된 네덜란드 선박을 나포할 목적으로 습격한 것이다. 나가사키 부교 마쓰다이라 야스히데松平康英는 이에 책임을 지고 할복했다. 그 후에도 1818년 골든이 우라가浦賀에, 1824년 영국 선박이 히타치구니常陸國 오즈大津 해변에 닻을 내렸다.

우왕좌왕한 에도 바쿠후

이 같은 상황에서 바쿠후는 외국 선박에 대한 대책을 제대로 수립하지 못하고 우왕좌왕했다. 외국선에 대한 방책은 1791년 명문화되었다. 그 내용은 선박을 억류해 검사하고 나서 풀어준다는 것이었다. 1806년 바쿠후는 표류선에는 연료와 물을 공급해 조용히 귀국시킨다는 '무휼령撫恤令'을 공포했다. 그러나 앞서 있었던 페튼호 사건을 계기로 바쿠후는 태도를 강경화해

1825년 '이국선타불령異國船打拂令'을 내렸다.

이 법령의 첫 희생자는 모리슨호(미국)다. 모리슨호는 1837년 일본인 표류민을 송환하려 에도만에 들어왔는데 우라가 부교쇼奉行所가 포격했다. 같은 해 영국은 대양을 건널 수 있는 거대 증기선을 완성하고 아시아 진출을 가속화했다. 아편 전쟁에서 청나라에 승리한 영국이 홍콩을 획득하자 바쿠후는 1842년 타불령을 완전히 철폐하고 '신수급여령薪水給與令'을 공포했다.

영국에 이어 이번에는 미국이 두세 차례 일본을 찾아왔다. 미국은 포경선 기항지로 일본을 원했다. 바쿠후는 1846년 빅토르의 개국 요구는 간신히 거절했으나 페리 제독의 강경한 요구를 거부할 수 없어 215년 만인 1853년 개국했다.

미일 수호통상조약은
왜 불평등한가?

1858년~1911년: 미일 수호통상조약

외국인의 범죄는
모두 무죄?

1856년 시모다下田에 부임한 미국 주일 총영사 해리스는 에도에서 십여 차례에 걸쳐 끈질기게 교섭을 진행해 1858년 미일 수호통상조약을 체결했다. 조약에는 일방적인 최혜국最惠國 대우와 거류지제, 영사재판권, 협정관세 제도 등 불평등한 항목이 많았다. 특히 영사재판권과 협정관세 제도는 일본에 대단히 불리한 항목이었다.

영사재판권이란 일본에서 범죄를 저지른 외국인을 주일 영사가 처리한다는 것으로, 치외법권 제도를 말한다. 결국 일본인은 외국인을 처벌할 수 없었다. 이 항목이 논의될 때 일본인 관리는 전혀 이의를 제기하지 않았다. 영사재판권이 부당한 것임을 알지 못하고 오히려 외국인을 처리하는 귀찮은 일에서 해방될 수 있는 좋은 법이라고 기뻐했다고 한다. 해리스가 치외법권을 주장한 것은 일본 형벌이 지나치게 가혹했기 때문이다. 절도죄로 목이 날아갈 정도라면 배겨날 수 없기는 했을 것이다. 그러나 메이지 시기가 되어 근대법 제도가 정비된 뒤에도 이 조항은 철폐되지 않았다.

무역에서 불리한 과세 제도

무역품 과세에 대해서는 미국 측이 아니라 바쿠후가 말을 꺼냈다. 오히려 해리스는 자유무역을 생각했다. 그러나 이 요구를 교묘히 이용해 협의로 관세율을 정하는 협정 제도를 만든 것은 해리스 측이다. 절충 끝에 세율은 수출품은 5퍼센트, 수입품은 대략 20퍼센트로 정했다. 자국의 세율을 자유로이 결정하지 못한다는 불리한 내용이었다. 더구나 8년 뒤인 1866년에는 효고兵庫 개항 연기를 대가로 수입세를 일률적으로 5퍼센트로 인하했다. 그 결과 일본은 서구의 값싼 상품 유입을 막아낼 수 없어 근대 산업 육성이 막히는 바람에 막대한 손실을 입었다. 이러한 불평등조약은 반세기 이상이 지난 1911년 간신히 해소되었다.

대외무역이
바쿠후 붕괴를 앞당겼다?

1858년~1867년: 개국 후 바쿠후의 대외무역

무역의 80퍼센트 이상을
요코하마항에서

1858년 일본은 여러 외국과 통상조약을 체결하고 무역을 시작했다. 일본인이 해외로 나가 교역하는 것이 아니라 개항장에 거류하는 외국 상인과 상품을 거래하는 방식이었다. 주요 교역 상대는 영국인으로, 거래 총액의 80퍼센트 이상을 영국인이 차지했다.

무역의 80퍼센트 이상은 요코하마항에서 이루어졌다. 원래는 요코하마가 아니라 가나가와神奈川(요코하마시 가나가와구 동·서 가나가와정)를 개항하기로 약속했다. 그러나 가나가와가 도카이도東海道의 역참이라 외국인과 서민의 접촉을 염려한 바쿠후가 근처 요코하마로 슬쩍 바꿔치기 한 것이다.

미국과 영국의 영사는 강력하게 항의했으나 요코하마가 좋은 항구이다 보니 외국 상인은 속속 상점을 세우고 일본의 유력 상인도 지점을 내면서 요코하마항은 곧 번창했다. 무역 품목도 수입품은 면사, 면직물, 모직물 등 섬유제품이 주종을 이루었고 금속, 무기, 설탕, 약품이 그 뒤를 이었다. 수출품은 생사가 약 80퍼센트, 차가 10퍼센트를 차지했다. 특히 당시 생사 산지인 프랑스와 이탈리아의 누에가 전염병으로 전멸하다시피 하자 일본산 생사를 앞 다투어 구입했다.

무역이 바쿠후의 붕괴를 앞당겼다!

해외무역이 일본에 미친 영향은 끝을 알 수 없을 정도로 컸다. 우선 물가가 올랐다. 생사와 차는 생산하는 대로 모두 수출했기 때문에 국내에서는 품귀 현상이 심하게 나타나 얼마 안 되는 기간에 가격이 10배 가까이 올랐다. 이에 연동해 다른 물가도 크게 올라 서민의 생활을 압박했다. 바쿠후 전복을 목적으로 하는 토막 운동이 활발해진 데는 이러한 불만도 원인이 되었다고 할 수 있으니 개국이 바쿠후 자신의 목을 조르게 된 것이다. 해외에서 들여온 값싼 면사와 직물은 국내 직물업자에게 심한 충격을 가했다.

더욱이 지금까지 모든 물품은 에도의 도매상을 경유해 전국으로 보내졌는데 대외무역이 시작되자 지방 상인들이 개항장으로 직송함으로써 유통 체계가 파괴되었다. 바쿠후는 물가 안정과 도매상 보호를 위해 어쩔 수 없이 '오품에도회송령五品江戸廻送令(1860년 실시)'을 발포했다. 잡곡, 머릿기름, 밀랍, 비단, 생사는 에도를 경유해 항구로 발송토록 한 명령이었는데 그다지 효과는 없었다. 물론 좋은 점도 있었다. 생사와 차를 제조하는 과정에서 임금 노동자를 고용하는 공장제 수공업이 탄생했다. 이로써 자본주의 경제로 발전할 여지가 만들어졌다.

바쿠후 말기 사상은
어떻게 변했나?

1853년~1867년: 바쿠후 말기 사상의 변천

존왕양이에서
공무합체로

　　　　　　 페리 내항 이후 바쿠후 붕괴까지는
15년밖에 걸리지 않았다. 그러나 이 15년간 사상적 동향은 대단히
복잡해 이해하기가 쉽지 않다. 본래 존왕양이론은 왕을 존중한다는
존왕尊王과 외국인을 내쫓는다는 양이攘夷라는 별개 유교 사상이다.
이를 결합한 이가 미토水戸번의 아이자와 세이시사이會澤正志齋다.
이 사상은 페리의 내항, 외국의 통상조약 강요, 바쿠후의 소극적 외
교 등이 천황에 대한 기대로 확대되면서 전국으로 보급되었다.

한편, 소수이지만 개국론을 주장하는 사람들도 있었다. 가쓰 가이슈勝海舟가 그 전형이다. 당시 다이로大老 이이 나오스케井伊直弼는 바쿠후 독재佐幕論의 견지에서 존양주의자를 엄격하게 탄압(안세이安政의 대옥사)했으나 오히려 사쿠라다몬櫻田門 밖에서 암살당했다. 그 결과 바쿠후의 권위는 더욱 떨어졌다. 그래서 바쿠후는 조정과 협력해 외국을 상대하자는 공무합체론公武合體論을 취했다.

사쓰마薩摩, 아이즈會津, 도사土佐 번도 이에 동조해 조정 안에도 공무합체파가 대두해 조슈長州의 존양파와 서로 다투었다. 1863년에는 조슈 세력이 조정에서 쫓겨났다(8월 18일의 정변).

외국이 강대함을 알고 바쿠후 타도로 돌아서다

사쓰에이薩英 전쟁과 영국·미국·프랑스·네덜란드 4개국 함대의 시모노세키下關 포격 사건을 경험하면서 외국의 힘을 분명히 실감한 사쓰마번과 조슈번은 바쿠후를 타도하고 시급히 중앙집권 국가를 만들어야 할 필요성을 강력하게 느꼈다. 1866년 두 번은 비밀리에 삿초薩長 동맹을 체결했다. 제2차 조슈 정벌에 나선 바쿠후군이 조슈군에게 패하자 토막의 기운은 더욱 드세졌다.

이에 도사번은 조정을 중심으로 한 유력 번(도쿠가와 가를 포함)의 연합 정권을 구상하고 쇼군 도쿠가와 요시노부德川慶喜에게 다이세이 봉환을 건의했다. 요시노부가 이를 받아들여 정권을 반환하자 도쿠가와가 처리를 둘러싸고 조정에서 회의가 열렸다. 이 회의에서 사쓰마, 조슈의 토막파와 도사, 에치젠越前 번 등 공의정체파公議政體派 (유력 번들의 연합정권 주장)가 격렬히 대립했으나 최종적으로 요시노부의 관직과 영지 반환이 결정되었다.

그 후 공의정체파가 반격을 꾀해 요시노부의 내각 참여가 추진되었다. 그러나 토막파 도발에 말려든 바쿠후 측 군대가 도바鳥羽, 후시미伏見 전투에서 토막파에 패해 도쿠가와 가의 정권 참여 꿈은 무너졌다. 토막파는 공의정체파로부터 주도권을 빼앗고 보신戊辰 전쟁에서 승리한 후 번벌藩閥 정부를 수립했다.

관군은 어떻게
전국 평정을 추진했나?

1868년~1869년: 보신 전쟁의 추이

관군은 교토에서
에도로

　　　　　도바·후시미 전투에서 시작해 고료카
쿠五稜郭 전투가 끝날 때까지, 관군의 전국 평정 전쟁을 보신 전쟁이
라고 한다. 1867년 12월 왕정복고 대호령에 따라 신정부가 수립되
고 사쓰마와 조슈 등 토막파의 책동으로 쇼군 요시노부의 관위와
영지 반환이 결정되었다. 그러나 요시노부의 교묘한 반격으로 반환
조치 철회와 요시노부 입각이 실현될 것처럼 상황이 반전되었다.
　　초조해진 토막파는 에도에서 바쿠후 측을 맹렬히 도발해 마침내 바쿠후 측을 폭발시키는 데에 성공했다. 구바쿠후군은 대거 상경을 감행했으며 요시노부는 이를 제지하지 못했다. 1868년 1월 마침내 도바·후시미에서 구바쿠후군과 관군이 격돌했다. 관군 세력은 구바쿠후군의 3분의 1도 안 되었지만 근대적인 무기로 무장해 구바쿠후군을 격파했다.

요시노부는 오사카성에서 에도로 도망쳐 신정부에 순종할 의사를 표명하고 고즈케上野 간에이사寬永寺에서 근신 생활에 들어갔다. 한편 관군(토막파)은 요시노부를 조정의 적으로 삼아 세 방면에서 동으로 진격했다. 관군은 번들의 저항을 거의 받지 않은 채 3월 말 에도에 당도했다.

관군은 가쓰 가이슈와 사이고 다카모리西鄕隆盛 회담에 따라 에도성에 무혈입성했다. 이를 불만으로 여긴 쇼키다이彰義隊(구바쿠후 신하들)가 고즈케에 집결해 적대적 태도를 취하자 관군은 이들을 하루만에 진압했다. 이로써 관군은 간토 전역을 거의 제압했다.

전쟁은 도호쿠에서 홋카이도로

　　　　　　　　도호쿠 지방에서는 관군에 저항한 아이즈번의 구제를 탄원하던 여러 번이 동맹을 맺고 신정부에 저항할 뜻을 분명히 했다. 관군은 도호쿠에 전력을 투입했다. 도호쿠 전쟁이 시작된 것이다. 나가오카長岡번이 분투했으나 결국 패해 동맹이

와해되었고, 아이즈번이 항복함으로써 도호쿠 전역은 평정되었다.

그러나 전쟁은 아직 끝나지 않았다. 신정부에 전함 인도를 거부한 해군 부총독 에노모토 다케아키榎本武揚는 시나가와에서 구바쿠후 함대를 이끌고 에조치 하코다테箱館의 고료카쿠를 거점으로 에조 공화국을 수립했다. 관군은 1869년 5월 눈이 녹기를 기다려 고료카쿠를 총공격해 함락시켰다. 이리하여 보신 전쟁은 끝나고 새로운 시대의 막이 올랐다.

외국령이 될 뻔한
오가사와라 제도

1592년~현대: 일본의 남북 국경

**북방 영토 문제는
언제 시작되었나?**

일본의 북쪽 국경은 1854년 러일 화친
조약에서 에토로후擇捉섬과 우룩프섬 사이로 결정되고 사할린은 양
국 공동 거주지로 되었다. 그런데 메이지 시기에 들어서면 러시아가
자주 사할린에서 남하했다. 초조해진 메이지 정부는 사할린 북부를
구입하려 했지만 러시아 반대로 실패했다.

사할린 영유를 단념한 메이지 정부는 사할린에서 손을 떼는 대신
치시마千島 열도를 보유하려고 에노모토 다케아키를 러시아에 파견

5장 근대화하는 일본

해 1875년 사할린·치시마 교환 조약을 체결했다. 이리하여 북쪽 국경은 확정되었다. 그 후 1905년 포츠머스조약(러일전쟁의 강화조약)에서 남사할린을 손에 넣은 일본은 사할린청을 설치해 식민지 경영에 착수했고 1943년에는 일본 본토에 편입시켰다. 그러나 2년 후 일본이 태평양전쟁에서 패하면서 러시아(구소련)군은 사할린과 치시마를 점령해 에토로후섬을 비롯한 네 섬(일본에서는 이를 북방 4도라 하는데 이는 일본 측 처지에서 붙인 이름이다)을 아직까지 일본에 반환하지 않아 양국 사이에 큰 문제로 남아 있다.

여러 나라가
오가사와라 영유 선언

현재 남쪽 국경은 오가사와라 제도다. 오가사와라는 일본 고유 영토라고 할 수 없을지도 모른다. 19세기까지 오가사와라는 무인도였고 그 귀속이 명확하지 않았기 때문이다. 이름은 1592년 오가사와라 사다요리小笠原貞頓가 발견해서 그렇게 붙여졌다고 하지만 확증은 없다. 에도 바쿠후는 1675년과 1727년에 이 섬들의 개척을 계획했으나 모두 실패하고 그대로 방치된 상태에서 19세기가 되었다.

1827년 오가사와라 제도를 발견한 미국의 포경선이 모섬에 상륙해 선장 이름을 따 이름 붙였다. 이어 다음에는 영국선 블러섬이 부섬에 내항해 오가사와라 영유를 선언하고 국기를 남긴 뒤 섬을 떠났다.

1830년대에는 세보리를 포함한 미국인 다섯 명이 하와이인 20여 명과 이주해 개척을 시작했다. 페리는 1853년 일본에 내항하기 전 세보리 근거지를 방문해 그를 오가사와라의 식민지 장관에 임명했다. 이러한 사태에 놀란 바쿠후는 1861년 간린마루咸臨丸를 파견해 섬 주민에게 바쿠후에 복종하겠다는 맹세를 시키고 하치조섬八丈島의 도민을 이주시키는 등 일본 영토임을 내외에 과시했다.

메이지 정부도 바쿠후 방침을 그대로 이어받아 1875년 섬 개발에 착수했다. 다음 해 내무성 관할임을 밝힌 뒤 데라지마 무네노리寺島宗則 외무경이 정식으로 영유를 선언했다. 1880년 도쿄부 관할이 되었고 주민은 모두 귀화했다. 태평양전쟁 후 미국이 점령했으나 1968년 일본에 반환해 도쿄도에 편입되었다.

폐번치현은
정부의 과감한 책략?

1871년: 폐번치현의 목적

지방은 좀처럼
정리되지 않았다

　　　　　1867년 12월 왕정복고 대호령이 발포되어 형식적으로는 천황을 정점으로 하는 신정부가 수립되었으나 내용은 토막파와 공의정체파의 몇 번이 모인 오합 정권에 불과할 뿐 메이지 정부의 힘은 아직 약했다. 메이지 정부는 보신 전쟁에서 승리해 에도로 거점을 옮기고 예전의 바쿠후 영토를 직할지로 했다. 그 밖에는 변함없이 300여 개 번으로 나뉘어 번이 각각 독자적으로 다스리는 지방분권 체제가 계속되었다.

서구 열강의 침략을 받은 아시아 국가들이 독립을 유지하는 데는 어려움이 많았다. 일본이 독립을 유지하려면 번을 해체해 강력한 중앙집권 국가를 구축하는 것이 급선무였다. 메이지 정부는 1869년 여러 번의 토지와 영민을 조정에 반환하라고 다이묘에게 명령했다. 이것이 판적봉환版籍奉還이다.

그러나 한슈가 지번사知藩事로 이름만 바뀌었을 뿐 이전처럼 영내 지배를 지속했다. 정부의 간섭과 개입이 강화되었다고는 해도 상황은 그다지 바뀌지 않았다. 그래서 정부는 번의 힘을 약화시키려고 병력 축소를 명령했다.

그러나 이 포고가 전달되자 무사들의 반정부 운동이 거세게 일어났다. 각 번도 비밀리에 병제 개혁을 추진하고 만약 일이 일어나면 정부를 전복할 군사를 일으키려는 불온한 움직임을 보였다.

쿠데타에 가까운
폐번치현

정부는 그대로 번의 붕괴를 기다리기보다는 일거에 번을 해체하려고 결의했다. 전국의 지번사를 모두 도쿄로 불러모으고 몰래 사쓰마와 조슈, 토사 세 번에서 병사를 1만 명 빌려 폐번치현廢藩置縣을 단행했다. 지번사를 파면하고 번은 부현 (3부 72현)이라는 단순한 지방 행정구로 바꾸었으며 중앙정부가 지방관인 부지사, 현령을 파견했다. 거의 쿠데타에 가까웠으나 예상외로 저항이 적었다.

이리하여 정부를 위협하던 지방 세력이 사라지고 중앙집권이 확립되었다. 한편 지번사(이전의 다이묘)와 공경公卿은 화족華族으로 약간이나마 우대했다.

그 후 메이지 정부는 징병제도를 시행해 직속군을 창설하고 사민평등·질록처분秩祿處分·폐도령廢刀令으로 무사를 해체했으며 세제도 전국을 동일한 지조地租(토지세)로 개정했다. 마침내 메이지 10년대에는 강력한 중앙집권 국가가 되었다.

지조를 개정한 목적은?

1871년~1873년: 지조 개정 이유

**조세는
쌀에서 화폐로**

　　　　에도 바쿠후의 세수는 거의 대부분 농민의 연공이라 쌀 수확의 풍흉에 따라 해마다 수입이 크게 달라졌다. 메이지 정부는 이 제도를 그대로 받아들였지만 예산을 정확히 세우기가 곤란해 빨리 근대적 세제를 확립해야 했다.

　1871년에 폐번치현을 단행한 메이지 정부는 중앙집권화를 단숨에 이루었다. 이를 계기로 정부는 세제와 토지 제도 개혁에 착수했다. 같은 해 토지에서 산출되는 작물의 제한을 철폐하고 연공도 쌀이 아닌 화폐로 납부하라고 장려했다.

1872년에는 토지 매매를 허가하고 연공 부담자를 토지 소유자로 인정해 지가를 기록한 지권地權을 발행했다. 토지가 자본화된 것이다. 지권을 발행하기 위한 토지조사에서 소유권이 불명확한 이리아이치入會地(마을 공유지)는 국유지로 편입되어 정부에 커다란 이익을 가져다주었다.

이러한 준비 단계를 거쳐 1873년 정부는 지조 개정을 감행했다. 토지 소유자에게 지가의 3퍼센트를 지조(조세)로 의무적으로 납부하게 했다. 세율은 수확의 풍흉과 관계없이 일정하게 하고 납부 방식은 금납으로 했다.

불만이 쌓인 농민

세 부담률은 과거의 연공과 차이가 없었고 오히려 늘어난 지방도 있었다. 정부는 앞으로 지조를 1퍼센트로 내린다고 약속했으나 그때까지 묵인되어온 숨겨진 토지에도 과세했다. 농민은 새로운 세제에 강한 불만을 품었으며 전국에서 지조 개정 반대 잇키가 빈번히 일어났다. 특히 1876년에 발생한 미에현과 이바라키현의 잇키 규모는 상당했다. 무사들의 난과 결합할까 두려워한 정부는 지조를 3퍼센트에서 2.5퍼센트로 내렸다. 메이지 정부는 지조 개정으로 국가의 재정 기반을 확립하고 안정시켰다.

불평 사족의 난은
왜 일어났나?

1874년~1877년: 불평 사족의 난과 세이난 전쟁

무사 특권은
거의 없어졌다

　　메이지 정부가 중앙집권 국가를 건설하려고 유신의 공로자인 사족士族(무사)을 잘라버린 것은 역사의 얄궂은 필연이었다. 먼저 1871년 메이지 정부는 폐번치현을 단행해 사족의 근거를 없앴고 1876년에는 대대로 받아온 녹봉(급여)도 일시금인 금록공채金祿公債로 바꾸어 중단했다. 그러나 금록만으로 생활할 수 있는 사람은 흔치 않았다.

　　다수 사족은 자금을 밑천으로 장사를 시작했으나 세간에서 흔히

'무사님의 장사'라고 비웃었듯이 대부분 실패했다. 메이지 정부는 사민평등제를 실시해 무사만이 성씨를 갖거나 칼을 찰 수 있는 특권을 없애고 징병제도를 실시해 전사로서 가치도 소멸시켰다.

사족은 메이지 정부의 조치로 경제적 곤궁에 빠졌고 자존심도 상했다. 300만 사족의 분노가 폭발해도 이상한 일이 아니었다. 반란이 본격적으로 일어난다면 정부는 잠시도 버티지 못할 것이었다.

사이고 다카모리는 이 상황을 매우 우려했다. 사이고는 사족의 난을 미연에 방지하기 위해 눈을 밖으로 돌리려 했다. 토벌이라는 명목으로 조선과 전쟁을 일으켜 사족의 욕구불만을 해소하려 한 것이다. 정부에서는 그 시비를 둘러싸고 격론이 벌어져 결국 전쟁 도발은 하지 않기로 했다. 정한파 참의參議는 모두 공직에서 물러났으나 역설적이게도 사족의 난을 경계한 그들 자신이 나중에 그 우두머리로 등장한다.

패하기만 한
사족

1874년 2월 사가현에서 불평 사족의 대규모 난이 발발했다. 우두머리는 참의로 사법경을 맡았던 에토 심페이江藤新平였다(사가佐賀의 난). 내무경 오쿠보 도시미쓰大久保利通는 정부군을 대량 투입해 완전히 진압하고 체포된 에토를 효수형에 처했다.

그 후에도 사족의 난은 계속되었으나 모두 정부군 앞에서 맥없이 패했다. 메이지 정부는 이미 징병제도를 확립하고 근대적으로 군비를 정비했으므로 불평 사족이 정부를 위협할 만한 상대는 아니었다. 오히려 정부는 남은 불평분자를 도발해 철저히 궤멸하려 했다.

1877년 2월 드디어 오쿠보의 술책에 넘어간 사이고는 정부에 반기를 들었다. 가고시마현을 중심으로 참가 사족의 규모는 최대 4만 명에 달했다. 그러나 사이고군에 포위된 구마모토能本성의 정부군이 잘 버텨 반란군은 전진하지 못했고 속속 공격해오는 정부군에 압박받아 패주했다. 사이고는 자살했다(세이난西南 전쟁). 정부는 불평 사족의 난을 완전히 평정했다.

자유민권운동이
크게 유행한 이유는?

1874년~1889년: 자유민권운동의 고양

넷으로 분류할 수 있는
민권운동

자유민권운동은 1874년 민선의원설립 건백民選議員設立建白에서 시작, 1889년 대동단결운동으로 끝나는 민주주의 운동을 말한다. 그러나 단순히 자유민권이라 해도 요구 내용과 지지 기반은 연대에 따라 차이가 커서 사족 민권, 유력 농민 민권, 농민 민권, 대동단결운동 네 가지로 분류할 수 있다.

정한론 논쟁에서 패배한 이타가키 다이스케板垣退助 등 공직에서 물러난 참의가 중심이 되어《민선의원설립건백서》를 발표했다.

이는 정부의 사쓰마와 조슈 출신자 체제를 비난하고 "민선의원衆議院을 개설해 민간인을 정치에 참여시키자"라는 주장을 담은 정부에 대한 의견서다. 신문지상에 게재되자마자 커다란 파문을 일으키고 동조자가 속출했다. 여기에서 자유민권운동이 발생했다.

운동의 담당자는 초기에는 불평 사족이었으나 그들은 민권을 제대로 인식하지 못했다. 그들은 번벌 정부 타도만 내세워 운동에서 이탈해 사가의 난, 세이난 전쟁 등 무력 봉기에 참가했다.

그 후 유력 농민이 운동을 끌어나갔다. 유력 농민은 재력과 학식을 소유했으나 에도 시대에는 그들의 정치 참여를 금지했다. 그러나 메이지유신이 일어나고 시대는 변화했다. 이제 유력 농민이 참정권을 갖는 것이 결코 허황된 꿈은 아니었다.

그들은 전국에서 국회기성동맹國會期成同盟을 결성해 국회 개설을 요구하는 서명운동을 전개했다. 정부는 할 수 없이 10년 후 국회를 개설하기로 약속했다. 한편 농촌에서는 연설회와 정치 집회가 성대하게 열려 민권 사상이 구석구석까지 침투했으며 일반 농민도 운동에 참가해 민권운동은 최고조에 달했다.

작은 차이를 버리고 대동하자!

마쓰카타松方 디플레이션의 대불황으로 운동은 무력 봉기로 격화되었다. 이를 통제할 수 없게 된 민권파의 정당 자유당은 3년 만에 해산했다. 또 정부가 국회 개설을 약속함으로써 운동은 구심점을 잃고 급속하게 쇠퇴했다.

이를 부활시킨 사람이 호시 도루星亨다. 그는 국회 개설을 4년 남겨놓은 1886년, 고토 쇼지로後藤象二郎를 받들어 "작은 차이를 버리고 대동하자"라며 과거의 자유민권가에게 호소했다. 별도로 고치高知현의 유지는 지조 경감, 언론·집회의 자유, 외교 실책의 만회 등을 정부에 건의하는 3대 사건 건백 운동을 전개했다. 양자가 차츰 결합해 자유민권운동은 다시 한번 지난날의 기세를 회복했다. 그러나 고토 쇼지로가 구로다黑田 내각에 입각하면서 운동은 쇠퇴했다.

일본 정당정치는
3당으로 시작했다

1881년~1884년: 정당의 시작

국회 개설을 위해
정당이 결성되었다

　　　　자유민권운동을 회유하고 흐지부지하
게 만들 목적으로 번벌 정부는 1881년 '국회 개설의 칙유'를 공포했
다. 이는 10년 후 국회를 개설하겠다고 약속하는 칙어다. 그렇지만
10년은 긴 시간이다. 정부는 이것으로 운동이 수그러들 것이라 기
대했으나 민권운동 지도자 이타가키 다이스케는 창당 준비를 진행
해 1881년 일본 최초의 정당인 자유당을 결성했다.

　이에 따라 자유민권운동은 정치적으로 더욱 강력한 조직을 갖게

되었다. 자유당은 주권재민主權在民, 일원제一院制, 보통선거, 민정헌법民定憲法 제정 등을 주장하는 프랑스식의 급진적 성격을 지녔다. 농촌을 중심으로 활동을 전개해 지지층은 자연히 유력 농민과 농민이 압도적으로 많았다.

이에 대해 1882년에 결성된 입헌개진당立憲改進黨은 도시 자본가와 지식층을 주요 지지층으로 군민동치君民同治, 양원제, 제한선거를 주장하는 점진적 정당으로 영국을 모델로 삼았다. 개진당 당수는 메이지 14년의 정변으로 메이지 정부에서 추방된 참의 오쿠마 시게노부大隈重信다. 양당은 번벌 정부를 타도하기 위해 공동 투쟁이 충분히 가능했는데도 주장 차이 때문에 서로 반목했다. 이는 정부로서는 다행스러운 일이었다.

한편 위기를 느낀 정부는 양당에 대항하기 위해 1882년 어용 정당인 입헌제정당立憲帝政黨을 후쿠치 겐이치로福地源一郎에게 조직하게 했으나 민의를 얻지 못해 1년 만에 해산했다.

단명으로 끝난
최초 정당

전국 정당으로 성장한 자유당도 1884년 10월 해산했다. 원인은 마쓰카타 디플레이션 때문이었다. 이 경제 정책으로 물가가 폭락해 많은 농민이 파산하고 각지에서 격화 사건이 빈발했다. 이 소동에 농촌의 자유당원들이 지도자로 깊이 관여했다. 그들은 단독으로 혹은 생활고에 시달리는 대중을 이끌고 정부에 무력 봉기를 시도했다. 이타가키 등 지도부는 그러한 당원들을 통솔할 수 없어 결국 해산을 결의했다. 같은 해 입헌개진당도 오쿠마 시게노부가 당을 떠나자 구심력을 잃고 해산한 것과 다름없는 상태가 되었다.

일본의 초기 세 정당은 단기간에 해산과 쇠퇴의 길을 걷고 말았다. 그러나 정당의 출현은 일본 정당정치의 실현을 촉진하는 계기가 되었다.

전전 정당은
대정익찬회로!

1881년~1941년: 정당의 계통

전쟁 전 여러 정당의
흐름과 성격

최초의 중의원 선거를 앞두고 입헌개진당이 세를 회복하자 자유당이 재결성되었다. 선거 결과 양당은 중의원에서 과반수를 차지했다. 이 두 정당의 힘은 점점 무시할 수 없을 정도로 성장해 정부는 내각을 조직하고 정당정치를 실행했다.

1898년 대립했던 자유당과 진보당(구 입헌개진당)이 결합해 헌정당憲政黨이 탄생했다. 헌정당은 오쿠마 시게노부를 총리대신, 이타가키 다이스케를 내무대신으로 하는 와이한隈板 내각을 조직했다.

일본 최초의 정당내각이다. 그러나 곧 대신의 후계 문제가 발생해 당은 헌정당과 헌정본당으로 분열되고 내각은 붕괴되었다.

헌정당은 이토 히로부미伊藤博文의 호소에 응해 당을 해체하고 1900년 입헌정우회立憲政友會 중심 세력으로 되었다. 번벌 정부의 중심인물인 이토는 이때부터 정당정치의 시대임을 인식했으며 헌정당도 재차 정권에 복귀하려던 차라 서로 이해관계가 일치했다.

2대 정당의 시대에서 대정익찬회로!

헌정본당은 입헌국민당立憲國民黨으로 명칭을 바꾸었다. 1913년 당원 절반이 탈당해 가쓰라 다로桂太郎가 창설한 정부계 정당인 입헌동지회立憲同志會에 합류했다. 헌정본당은 소수 정당으로 전락해 1922년 해산했다. 이후 헌정본당의 중의원 의원은 혁신구락부革新俱樂部를 만들었으나 세력을 얻지 못하고 입헌정우회에 흡수되었다.

그런데 입헌동지회는 차츰 민당民黨 성격을 강하게 띠고 헌정회, 입헌민정당으로 당명을 바꿔가면서 2대 정당의 하나로 성장해 입헌정우회와 교대로 내각을 담당했다. 그러나 군국주의 색채가 짙어진 1940년 신체제를 주장하는 고노에 후미마로近衛文麿들이 대정익찬회大政翼贊會를 조직했다. 1941년 모든 정당은 해산해 대정익찬회로 흡수되었으며 전쟁에 적극적으로 가담했다.

마쓰카타 디플레이션이 초래한 격화 사건

1881년~1892년: 지치부 사건

**물가 폭락으로
'곤민'이 넘쳐났다**

마쓰카타 디플레이션은 대장경 마쓰카타 마사요시松方正義의 긴축재정 정책을 가리킨다. 이 정책은 마쓰카타가 대장경에 취임한 1881년 시작되었다. 당시 국가 재정은 파탄 상태였다. 세이난 전쟁을 치르느라 국고는 바닥났다. 게다가 전쟁 비용을 지폐를 발행해서 충당하는 바람에 불환지폐(정화正貨인 금은으로 교환할 수 없는 화폐)가 1억 5,000만 엔 이상 늘어나 화폐가치가 떨어져 정부 재정을 압박했다.

마쓰카타는 증세로 세입을 늘리는 동시에 경비를 엄격히 절감해 불환지폐 정리에 착수했다. 일설에는 3년 만에 4,000만 엔을 상환했다고 한다.

그 결과 국가 재정은 호전되었으나 유통 화폐량은 크게 줄었다. 그래서 엔 가치는 등귀하고 물가는 폭락했다. 특히 쌀과 누에고치 가격이 심하게 떨어졌다. 생활이 곤란해져 고리대금업자에게 돈을 빌리거나 파산하는 농가가 격증했다. 그러나 일부 농민은 마쓰카타 디플레이션에 편승해 고리대금업자로 변신하거나 몰락 농민에게서 토지를 싸게 매입해 대지주로 성장했다.

빈농들은 스스로 '곤민困民'이라 칭하고 자유당원을 지도자로 차금당借金黨과 곤민당困民黨을 조직해 고리대금업자에게 이자 감면과 부채 연장을 애원하거나 관청에 구제를 요청했다. 그러나 청원은 받아들여지지 않았고 궁지에 몰린 곤민은 각지에서 폭동을 일으켰다. 이것이 격화 사건이다. 다카다高田 사건, 군마郡馬 사건 등 유명한 사건이 많은데 규모로 정부를 경악시킨 것이 '지치부秩父 사건'이다.

곤민 1만 명이 일어났다!

1884년 10월 31일 지치부시의 곤민 3,000명이 시모요시다下吉田村의 신사에 집결했다. 이들은 두 그룹으로 나뉘어 군의 중심지 오미야향大宮鄕(현재의 지치부시)에 난입해 고리대금업자의 집을 파괴하고 관청과 경찰서 등 공공 기관을 점거해 향을 제압했다. 동조자가 참여하면서 곤민군은 1만 명 가깝게 늘어났다.

반란은 도쿄에서 60킬로미터 떨어진 곳에서 일어났다. 곤민군이 수도로 진격할 것은 분명했다. 사안의 중대성을 인식한 내무경 야마가타 아리토모山縣有朋는 헌병대와 군대에 출동을 명령했다. 11월 5일 비로소 곤민군은 진압되었고 관계자는 속속 체포되었다. 검거자는 4,000명 이상이었으며 압수된 총포류도 2,500정이 넘었다.

결국 곤민은 토지와 재산을 모두 잃고 소작인으로 전락하든지 도시로 나가 중노동을 하면서 목숨을 이어가야 했다. 현실은 가혹했다. 이와 관련해 마쓰카타 마사요시가 곤민에게 동정을 표했다는 기록은 없다.

언론과 사상은
항상 탄압받았다

1875년~1952년: 언론과 사상의 탄압

민권운동을 탄압하는
법률

언론·사상의 자유를 통제하고 탄압하는 법률, 즉 치안입법은 신문지조례, 참방률, 집회조례, 보안조례, 치안경찰법, 치안유지법, 파괴활동방지법 일곱 개다. 자유민권운동은 《민선의원설립건백서》를 계기로 전국으로 확대되었는데 그 광고탑이 된 것이 신문사다. 정부는 1875년 신문지조례를 공포해 국가 전복과 교사 선동을 주창하는 신문은 발행금지 처분을 할 수 있게 했다. 동시에 참방률로 명명된 일본 최초의 명예보호법을 마련했다.

비방과 중상으로 다른 사람의 명예를 훼손한 자에게 벌금과 징벌을 부과하는 것인데 실제로는 신문지조례와 함께 민권가의 활동을 말살하는 수단으로 사용되었다. 이와 관련해 후쿠자와 유키치福澤諭吉 등 명륙사明六社 멤버는 탄압을 피해《명륙잡지》를 폐간했다.

그러나 민권운동이 끝나지 않고 1880년 국회기성동맹이 성립되자 정부는 집회조례를 발포했다. 정치결사의 설립과 정치 집회는 사전에 당국의 허가를 받아야 하며 적당하지 않은 것은 그 자리에서 해산한다는 내용이었다.

보안조례는 호시 도루星亨의 대동단결운동과 가타오카 겐키치片岡健吉 등의 3대 사건 건백 운동(지조 경감, 언론·집회의 자유, 외교실책 만회)을 경계해 1887년 공포한 법률이다. 특히 내란을 음모 교사하고 치안을 방해할 우려가 있는 자를 황거(천황의 거처) 3리 밖으로 추방하고 3년간 출입을 금지한다는 조항이 특징적이다. 이 조항은 호시 도루, 가타오카 겐키치 등 570명에게 적용되었다.

탄압 대상이 바뀌다!

당시까지의 법은 모두 민권운동이 대상이었지만 1900년 성립된 치안경찰법은 노동 운동과 사회주의 운동 금지가 목적이다. 1901년 사회주의를 내건 사회민주당에 치안경찰법을 적용해 그날로 해산시켰다.

1917년 소비에트 정권이 탄생하고 1922년에는 일본 공산당이 비합법 상태에서 결성되는 등 사회주의와 공산주의 침투가 심화되었다. 정부는 1925년 '국체國體'의 변혁을 기도하는 자, 사유재산제를 부정하는 자를 처벌하는 치안유지법을 만들어 1928년 공산당원을 대량 검거했다(3·15 사건). 다음 해 다나카 기이치田中義一 내각은 이 법을 개악해 사형을 추가하고 공산당을 탄압했다(4·16 사건).

태평양전쟁 후 이들 치안유지법은 모두 폐지되었다. 주권을 회복한 일본은 1952년 파괴활동방지법을 제정했다. 폭력주의적 파괴 활동 단체를 단속하는 법률인데 주로 공산당 대책으로 노동자와 경찰대가 천황의 거처 앞 광장에서 충돌한 피의 메이데이가 제정을 촉진했다고 할 수 있다.

5장 근대화하는 일본

불평등조약 개정에
반세기가 넘게 걸렸다!

1858년~1911년: 불평등조약 개정

**개정하려고
대가를 치르기는 싫다?**

　　에도 바쿠후가 미국과 맺은 불평등한 미일수호통상조약은 그대로 메이지 정부에 이어졌다. 불평등한 점은 크게 영사재판권을 인정한 것(치외법권)과 관세자 주권이 없는 것(협정관세 제도) 두 가지다. 일본인은 죄를 저지른 외국인을 재판할 수 없고 값싼 외국 제품 유입을 관세로 저지할 수 없다.

　　본격적으로 개정 교섭에 착수한 이가 초대 외무대신 이노우에 가오루井上馨다. 이노우에의 교섭은 보통 로쿠메이칸鹿鳴館 외교로 불

린다. 로쿠메이칸은 막대한 비용을 투자해 3년에 걸쳐 건축한 영빈
관이다. 로쿠메이칸에 외국 고관을 초대해 무도회를 개최해서 일본
의 개화를 과시하며 교섭을 유리하게 이끌었기 때문에 이 이름이
붙여졌다. 그러나 개정 대가로 '외국인의 일본 국내 자유 거주', '외
국인 판사 등용'을 인정하는 내용이 여론의 반발을 사자 이노우에는
사임했다.

　다음의 오쿠마 시게노부 외상은 이노우에의 실패를 교훈 삼아 철
저한 비밀주의를 취했다. 그리고 일괄 타결 방식을 포기하고 개별
교섭으로 방식을 바꾸었다. 미국, 독일, 러시아와 조인 확약까지 겨
우 도달했는데 영국과 교섭한 내용이 〈런던 타임스〉에 폭로되었다.
오쿠마는 "대심원에 외국인 판사를 등용한다"라는 사실을 알게 된
국수주의자에게서 폭탄 투척을 받고 실각했다.

치외법권이
먼저!

　　　　　　오쿠마의 뒤를 이은 아오키 슈조青木周藏
는 불평등을 완전히 해소하지 않으면 국민이 납득하지 않을 것이라
판단한 뒤 치외법권에 한정해 대가 없이 교섭했다. 첫 상대를 저항
이 가장 강한 영국으로 선택했다. 만만치 않은 상대부터 함락시키자
는 작전이었다. 영국은 의외로 순순히 개정에 동의해 곧 신조약이
조인되려는 순간, '오즈大津 사건(러시아 황태자 습격 사건)'이 발생했

다. 아오키가 책임을 지고 사임하면서 교섭은 수포로 돌아갔다.

그러나 아오키가 길을 닦아놓은 덕분에 무쓰 무네미쓰陸奥宗光 외상은 1894년 영일통상항해조약을 체결해 치외법권을 완전히 폐지했다. 그 후 오랫동안 방치되었던 관세자 주권도 1911년 미국과 이를 철폐하는 통상항해조약을 체결했다. 교섭자는 고무라 주타로小村壽太郎 외상이었다. 미일수호통상조약을 강제로 체결한 지 반세기 이상 지난 뒤의 일이었다.

조금씩 획득한 선거권

1889년~1945년: 선거제도의 추이

**선거는 한정된
사람만이 했다?**

1889년 일본 최초의 중의원 선거가 헌법과 같은 날(2월 11일) 공포된 중의원선거법에 따라 실시되었다. 선거 방식은 유권자는 25세 이상 남자에 국세 15엔 이상을 납부하는 자로 한정한 제한선거였다. 유권자 수는 인구의 1.1퍼센트(45만 명)에 불과했다. 투표도 단기 기명식을 채용해 비밀투표가 아니었다. 피선거인 자격은 30세 이상이며 나머지는 유권자 자격과 같았다. 의원 정수는 300명이고 소선거구제를 원칙으로 했다.

제한은
점점 완화되었다

시대가 바뀌면서 보통선거를 요구하는 소리가 높아짐에 따라 제한은 완화되었다. 1900년 야마가타 아리토모 내각 때 납세액은 10엔까지 인하되었고 의원 정수도 369명으로 늘었다. 선거구 제도 소선거구제에서 부현府縣 대선거구, 시市 독립구제를 취했다. 투표 제도도 단기 비밀투표로 되었다. 이 개정으로 유권자 수는 전보다 두 배 늘어난 98만 명이 되었다.

더욱이 납세 제한은 평민 재상으로 불린 하라타카시原敬 내각 시대에 3엔으로 되어 유권자 수가 307만 명으로 급증했다. 의원 정수도 464명으로 증가했다. 선거구제는 다시 소선거구제로 돌아갔다.

1925년 마침내 제한이 폐지되었다. 가토 다카아키加藤高明 내각이 보통선거법을 공포한 것이다. 선거구제는 중선거구제였다. 그러나 여성은 선거권을 갖지 못했고 사회주의자와 공산주의자의 정치 진출을 막기 위한 치안유지법을 끼워넣었다.

여성은 종전 직후인 1945년 개정 때 선거권을 획득했다. 연령은 20세 이상이 되어 유권자 수는 국민의 반수를 넘었다. 피선거인도 25세 이상으로 연령을 낮추었다. 선거구제는 비로소 대선거구제, 제한연기제를 취했는데 1947년 개정에서 중선거구제, 단기제로 돌아가 현재는 소선거구제, 비례대표제를 채용하고 있다.

헌법에 숨겨진 비밀은?

1889년~1945년: 1945년 패전 이전 일본 헌법

**민권파에 헌법 제정을
맡길 수 없다!**

　　　　　일본이 근대국가로서 국제적으로 인정
받기 위해서도 헌법 제정은 급한 일이었다. 그러나 정부를 움직인
가장 큰 요인은 자유민권운동의 고조였다. 민권파는 정부에 입헌정
체 수립과 국회 개설 약속을 끌어내고 헌법 제정을 강하게 주장하
며 스스로 다양한 헌법을 제안했다. 대부분 국민의 권리를 중시한
민주적 내용인데 프랑스식의 급진적 안도 있었다.

　　정부의 고관은 천황제와 번벌 체제를 강화하는 헌법을 모색했는

　　　　　　　　　　　　5장 근대화하는 일본

데 점차 정부 내부에서도 오쿠마 시게노부같이 영국식의 점진적 헌법을 주장하는 목소리가 나왔다. 당황한 고관들은 메이지 14년의 정변으로 오쿠마를 정부에서 추방하고 헌법을 연구하려고 이토 히로부미를 유럽에 파견했다.

유럽 각국의 헌법을 비교·검토한 결과 이토는 군주권이 강한 독일식 헌법을 참고하기로 했다. 귀국 후 일본 실태에 맞도록 연구와 수정을 거듭해 초안을 추밀원에 제출했다. 추밀원은 헌법 초안을 심의하기 위해 설치한 천황의 최고 자문기관이다.

헌법 해석에는 여지가 많다!

추밀원은 천황이 출석한 가운데 몇 차례 법안을 논의해 1889년 2월 11일 마침내 천황이 정하는 흠정欽定 형식으로 헌법을 공포했다. 이 헌법의 특징은 신성불가침의 천황이 주권을 가지며 '천황대권天皇大權'이라는 절대적 권한을 소유한다는 점이다. 천황은 통치권의 총람자로 군대 통수권을 장악하고 내각 임면권을 가졌다.

헌법의 범위에서라는 제한이 붙어 있기는 하나 종교·직업·언론의 자유 등 국민의 권리가 꽤 광범위하게 인정되었다. 이러한 자유권을 헌법에 집어넣은 것은 이토 히로부미의 요청이었던 것 같다. 이토는 번벌 정부의 중심인물이면서도 사상은 당시로는 급진적이었다. 이토는 뒤에 민권 사상을 주장한 무쓰 무네미쓰陸奧宗光를 외무대신에 기용했으며 스스로 입헌정우회를 만들어 정당내각을 조직했다.

더구나 헌법 해석에도 여지를 두었다. 헌법을 최대한 민주적으로 해석하면 미노베 다쓰키치美濃部達吉처럼 천황기관설(천황은 국가 최고기관에 불과하다는 주장)에 도달할 수도 있고 문구대로 해석하면 천황지상주의로 나아갈 수도 있다. 실제로 전자는 다이쇼 데모크라시의 토대가 되었으며 후자는 군국주의라는 암울한 시대를 낳았다.

　　　　　　　　　　　　　　　　5장 근대화하는 일본

청일·러일전쟁 상대는
모두 러시아

1894년~1905년: 청일전쟁과 러일전쟁

러시아에
떡고물을 빼앗기다!

　　청일·러일 두 전쟁은 한반도를 둘러싼 다툼이었다. 다만 일본 측으로서는 모두 러시아 남하를 막는 전쟁이었다. 러시아제국은 숙명처럼 계속 팽창해 19세기에 들어서면서 일본 열도와도 자주 부딪쳤다. 메이지 정부는 조선을 자기 세력 아래두어 조선을 러시아 방어선으로 삼고자 한일수호조약을 체결하는 등 차츰 조선으로 세력을 확대했다.

　　그러자 조선을 속국으로 생각하던 청과 마찰이 생겼다. 임오군란과 갑신정변으로 일본은 조선에서 영향력을 상실하고 그 자리를 청이 대신했다. 그러나 "조선에 파병할 때는 서로 통고한다"라고 규정한 텐진天津조약을 1885년 청과 체결하는 데 성공했다.

군비를 계속 확장해 청을 따라잡은 1890년대 전반 일본은 단숨에 열세를 만회할 기회를 기다렸다. 그때 동학혁명이 일어나자 조선 정부는 청에 파병을 요청했고, 청은 이에 응했다. 즉각 일본도 대군을 보내 마침내 인천항 부근에서 양군이 격돌했다(청일전쟁).

결과는 일본의 압승이었다. 일본은 청에 조선의 독립을 인정시키고 거액의 배상금은 물론 타이완과 요동반도를 획득했다. 그런데 러시아가 요동반도를 반환하라며 독일, 프랑스를 끌어들여 일본 정부에 압력을 가했다. 3국 간섭이었다. 더 나아가 러시아는 일본이 돌려준 요동반도를 청나라로부터 조차했다.

러시아에 대한 불만으로 전쟁이 일어났다

일본 국민은 이 사실에 격분해 '와신상담'을 구호로 러시아 타도를 맹세했다. 메이지 정부는 조선과 러시아가 접근할까 봐 우려했다. 청일전쟁 후 조선을 독립국이라고 주장하는 상황에서 일본은 조선과 러시아가 접근하는 것을 트집 잡을 수 없었다. 일본으로서는 러시아에게 조선을 빼앗긴다는 것은 목에 칼을 들이대는 것과 같은 사활이 거린 문제였다. 일본은 러시아의 만주 지배를 인정하는 대신 러시아는 일본의 조선 지배를 인정하라고 교섭했으나 실패했다. 결국 전쟁을 결의하고 영국에 접근해 영일동맹을 체결하고 1904년 러시아에 선전포고를 했다.

일본은 전쟁에서 간신히 승리해 배상금은 얻어낼 수 없었다. 하지만 러시아로부터 조선에 대한 우월권을 인정받는다는 당초 목적은 충분히 달성했다. 그러나 일본 국민은 (청일전쟁 때와 달리 배상금을 패전국에서 받아내지 못한 러일전쟁의) 강화 내용에 강한 불만을 품고 히비야日比谷 폭동 사건(히비야공원에 모인 군중이 강화 반대를 주장하며 일으킨 폭동)을 일으켰다. 그 후 일본은 러시아의 남하가 중단되자 조선을 방어선이 아니라 시장으로 간주하고 점차 식민지화했다.

조선은 어떻게
침탈당했나?

1875년~1945년: 조선 침탈 과정

조선에 불평등조약을
강요한 일본

메이지 정부는 조선에 개국을 요구했으나 거부당하자 1875년 군함을 수도 한성과 가까운 강화도에 파견해 연안에서 도발적 행동을 취했다. 조선군은 군함을 향해 포격을 가했고 일본은 이에 대한 책임을 따져 다음 해 불평등조약인 강화도조약을 맺어 조선을 개국시켰다.

그러나 종주국임을 자임한 청나라가 조선에 세력을 넓히자 일본의 영향력은 급속히 떨어졌다. 일본은 정세를 타개하기 위해 군사력

5장 근대화하는 일본

확대에 힘썼으며 1894년 청일전쟁에서 대승을 거두고 조선이 독립국임을 청으로부터 인정받았다.

순조롭게 진행된 조선 침탈

앞에서도 서술했듯이 일본은 조선에 접근하는 러시아와 대결해 전쟁을 우세하게 이끌면서 그사이 대한제국(조선은 1897년 국명을 변경)과 한일의정서(대한제국의 토지 수용권 획득), 제1차 한일협약(정부의 재정과 외교 고문에 일본인 채용)을 체결했다. 나아가 1905년의 포츠머스조약(러일 강화조약)에서 러시아에 대한제국에서 일본의 지도권을 인정하도록 하고 가쓰라·태프트협정과 제2차 영일동맹을 통해 미국과 영국으로부터 대한제국의 식민지화를 묵인받았다.

1905년 제2차 한일협약(을사조약)으로 외교권을 강탈하고 한성에 통감부를 두었다. 헤이그밀사사건을 빌미로 1907년 제3차 한일협약을 체결해 내정권도 박탈하고 군대를 강제로 해산했다.

이러한 사태에 분노한 한국 민중은 무력으로 일본군에 저항하는 의병 운동을 맹렬히 전개했고, 1909년 안중근은 이토 히로부미를 암살했다. 일본은 이 사건을 한국을 침략할 절호의 기회로 삼아 1910년 마침내 합병조약을 체결했다. 한국은 완전히 일본의 식민지로 전락했다.

한국인은 일본어 학습, 창씨개명, 신사참배 등을 강요받고 태평양
전쟁 중에는 강제노동을 강요받았다. 1919년에는 3·1 독립운동을
격렬히 전개했으나 식민지 해방은 일본이 패전하기까지 기다려야
만 했다. 1945년 한국은 해방됐으나 미·소가 멋대로 그은 북위
38도선을 경계로 나뉘었으며 현재 대한민국과 북한으로 분단되어
있다.

　　　　　　　　　　　　　　　　　　　5장 근대화하는 일본

의무교육이 16개월?

1872년~현대: 학교교육 제도의 변화

의무교육 기간은
고무줄인가

학교교육은 1871년 문부성 창설 이후 계속 문부성이 담당했다. 학교제도에 관한 최초 법령은 프랑스를 모델로 한 1872년의 학제다. 109장으로 된 학제는 의무교육(의무연한 8년)을 목표로 학구제(대·중·소학구)를 시행하고 교육 이념으로 공리주의와 개인주의를 설정한 자유주의적 법률이었다.

그러나 4만 4,000개에 달하는 소학교 설치비와 학교 경비를 모두 국민이 부담했기 때문에 학제 반대 운동이 일어났다. 문부성은

할 수 없이 1879년 의무교육을 16개월로 단축하고 학구제를 폐지해 소학교의 설치 강제를 포기했다. 그리고 학교를 지역 주민의 자유관리로 하는 지방분권적 교육령으로 변경했다. 이는 문부성 관료인 다나카 후지마로田中不二麻呂가 미국 제도를 모범으로 작성한 것으로 기본적으로는 학제 이념을 계승했다.

그러나 다음 해 교육령은 전면 개정되었다. 자유민권운동의 고양을 염려한 정부 내부에서 교육령을 집중적으로 비판했기 때문이다. 개정된 교육령은 학교의 독자적 교육과정 편성을 인정하지 않는 등 국가 통제를 강화했다. 또 '수신修身'을 소학교 필수과목으로 한다는 데서 알 수 있듯이 덕육德育·유교를 중시하는 국가주의적 성격이 강화되었다. 의무교육 기간은 조금 늘려 3년으로 했다.

국가주의적 교육을
만들어낸 학교령

1886년 초대 문부대신 모리 아리노리森有禮는 학교령(제국대학령, 사범학교령, 중학교령, 소학교령 등의 총칭)을 공포했다. 이로써 전쟁 전 학교교육 체계가 확립되었으며 내용 면에서는 교육의 국가 통제와 국가주의 교육관이 한층 강화되었다. 1890년의 교육 칙어教育勅語, 1903년의 국정교과서 제도는 이러한 경향에 박차를 가했다.

그런데 의무교육을 할 때 취학률이 1873년에 30퍼센트였는데

1910년에는 98퍼센트를 넘어섰다. 또 의무교육 기한도 학교령에서 3~4년으로 정했으나 1907년에 6년, 1941년에 8년으로 차츰 확대되어 현재는 9년으로 늘어났다.

태평양전쟁에서 패한 뒤 학교령이 폐지되고 학교제도의 근본법으로 민주주의를 기초로 한 교육기본법과 학교교육법이 미국의 후원 아래 1947년 제정되었다. 지금도 일본 정부는 이 두 법에 기초해 학교 교육을 운영한다.

어부지리로
세계대국이 된 일본

1914년~1918년: 제1차 세계대전

**얼렁뚱땅 중국에서
권익 확대**

1914년 6월 유럽에서 제1차 세계대전
이 일어났다. 이때 일본은 영일동맹의 인연으로 3국협상 측에 가담
해 독일에 선전포고를 했다. 제1차 세계대전은 4년 동안 계속되었
고 일본은 그동안 전쟁으로 막대한 이익을 얻었다. 좋게 말하면 어
부지리, 나쁘게 말하면 불난 집에서 물건을 들고 나온 격이다.

8월에 참전을 선언한 일본은 9월에 중국의 독일 조차지인 칭다
오靑島와 독일령 남양군도를 침략했다. 일본은 중국 정부의 철병 요

5장 근대화하는 일본

구도 무시하고 점령 지역에 군대를 계속 주둔시켰다. 처음부터 중국 침략을 노렸기 때문이다. 일본은 열강이 유럽에서 전쟁에 열중하는 사이 아시아에서 자신의 지위를 굳건히 하고자 했다.

1915년 일본은 중국 정부에 '21개조의 요구'를 내밀었다. 남만주의 조차 연장, 독일 권익의 양도, 푸젠福建성에서 일본의 특수 지위 인정 등 일본 이익을 확대하라는 요구였다. 중국은 당연히 이를 거부했으나 일본 정부는 최후통첩이라는 강경한 태도로 승낙을 강요했다. 열강의 도움을 기대할 수 없었던 중국은 1915년 5월 9일 어쩔 수 없이 일본의 요구를 받아들였다. 중국 사람들은 이날을 국치일로 삼고 이후 광범한 반일 운동을 전개했다.

선진국이 된 졸부, 일본

일본은 경제적으로도 막대한 이익을 얻었다. 이른바 대전 경기라 불리는 호경기였다. 호황을 이끈 것은 수출 증대였다. 전쟁으로 물품 부족에 허덕이던 유럽 여러 나라에 상품을 공급했을 뿐 아니라 아시아에서 후퇴한 유럽 제품의 빈 자리를 채우는 수출이 급격히 늘었다. 아무리 가격을 올려도 만드는 대로 팔려나갔다. 특히 섬유, 조선, 철강 분야는 비약적으로 발전했다. 전쟁 물자를 수송할 선박이 부족해 해운업이 발달하면서 영국과 미국 다음으로 세계 제3위의 해운국이 되었다.

대전 경기로 일확천금을 거머쥔 사람들이 등장했다. 벼락부자라 불린 그들의 사치스러움은 지금도 전설처럼 이야기되고 있다. 그러나 서민은 호경기의 혜택을 받지 못했다. 수출이 늘면서 생필품이 부족해지면서 물가가 올라 생활하기가 점점 어려워졌다.

어쨌든 일본은 제1차 세계대전기의 침략 행위와 호경기로 세계 5대국의 하나로 꼽히는 제국주의국, 선진국이 되었다.

정당이 신뢰를 잃은
결과는?

1927년~1941년: 제국주의로 폭주하다

**육군이 폭주하기
시작했다!**

중국에 21개조를 강요한 일본은 만주 지배를 강화하려고 1927년부터 산둥山東에 출병했고 다음 해 만주를 점령할 목적으로 군벌 장쮀린張作霖을 암살했다. 그 선두에 선 것이 '간토군關東軍(만주 주둔 육군부대)'이다.

1931년 간토군은 일본의 남만주철도를 직접 폭파(류탸오후柳條湖) 하고 이를 중국군 소행으로 몰아 펑티엔奉天, 창춘長春을 점령하는 만주사변을 일으켰다. 일본 정부는 분쟁을 확대하지 않기로 했으나 간토군은 이에 따르지 않고 만주 전체를 제압해 1932년 청의 마지막 황제 푸이溥儀를 집정으로 하는 만주국을 건립했다.

간토군이 이같이 폭주한 것은 일본 국내에서 군부가 대두했기 때문이다. 오직과 부패 사건이 속출하면서 정당은 국민의 신뢰를 잃었고 사람들은 정당을 대신할 존재로 군부에 기대를 걸었다. 이러한 지지를 배경으로 국가 개조를 주장하는 청년 장교들과 우익들이 하마구치 오사치濱口雄幸 수상 습격과 혈맹단血盟團 사건 같은 테러와 암살 사건을 반복해 정당은 점차 위축되었다. 1932년 5월 15일 해군 장교들이 이누카이 쓰요시犬養毅 수상을 살해했다(5·15 사건). 마침내 정당정치는 막을 내리고 군국주의 시대로 들어섰다.

군부와 천황제에 대한 비판은 일절 금지되었으며 이에 반대하는 자는 정치범으로 특별고등경찰에 연행되었다. 개인 저작은 발매를 금지하는 등 언론과 사상을 엄격하게 통제했다.

군에 정권을
완전히 빼앗기다!

1936년 육군 장교가 인솔하는 군인 1,400명이 군사정부 수립을 주장하며 수상 관저와 경시청을 습격해 대신을 살해한 2·26 사건이 일어났다. 쿠데타는 진압되었으나 군부 발언권은 더욱 강화되었다. 군부가 정권을 장악한 1937년 중일 양군의 우발적 충돌(루거우차오蘆溝橋 사건)을 계기로 중일전쟁이 발발했다.

초기에 일본은 여러 도시를 점령했으나 장제스蔣介石의 중국 국민 정부와 중국 공산당이 결연히 항전해 전쟁은 교착상태에 빠졌다. 그런데도 일본은 중국에서 철수하지 않았다. 더욱 무모한 것은 국제사회가 만주 침략을 비난하자 국제연맹에서 탈퇴해 국제적 고립을 자초하고 마침내 미국을 상대로 승리할 가망이 전혀 없는 전쟁을 벌여 끝도 보이지 않는 이중 전쟁으로 돌입했다.

왜 일본은
태평양전쟁에 돌입했나?

1941년~1945년: 태평양전쟁

미국과 교섭이
결렬되다!

　　　　　　미국에 선전포고한 일본은 1941년 12월 8일 미국의 군사 항구인 하와이 진주만을 기습해 큰 전과를 올렸다(사실 진주만 습격은 미국에 선전포고도 하기 전에 이루어졌다). 태평양전쟁이 시작된 것이다.

　양국 관계가 결정적으로 나빠진 것은 일본이 독일 · 이탈리아와 3국동맹을 체결하고 동남아시아 침략을 기도했기 때문이다. 이러한 움직임에 격분한 미국은 미일통상항해조약을 파기했으며 철과 석유의 대일본 수출을 중지하고 ABCD(미국·영국·중국·네덜란드) 포위망을 형성해 일본에 경제적 타격을 가했다.

그러나 전면 전쟁 회피라는 데는 양국이 일치해 1941년부터 미일 교섭을 개시해서 타결점을 모색했으나 암초에 부딪혔다. 미국이 일본군의 중국 철수를 요구하는 헐 노트를 제출하자 교섭은 결렬되고 일본은 개전을 결의했다.

일본은 아시아를 백인 지배에서 해방시킨다는 '대동아공영권' 구상을 내걸고 전쟁에 돌입했다. 마닐라와 싱가포르를 함락하고 남양 군도를 점령했다. 그러나 공영권이란 이름뿐으로 점령지에서는 군정을 실시하고 자원을 착취했으며 일본의 이익을 위해 사람들을 강제로 노역시켰다.

반년 만에
열세로 전환되다!

전쟁은 1942년 6월 미드웨이해전에서 전환을 맞이했다. 이 해전에서 크게 패한 일본군은 열세로 돌아선다. 1943년 2월의 과달카날섬 철수, 1944년 7월의 사이판섬 함락 등 패배가 잇따르고 제해권, 제공권도 빼앗겨 일본 본토는 격심한 공습에 시달렸다.

이에 책임을 지고 도조 히데키東條英機 내각이 사퇴하고 고이소 구니아키小磯國昭 내각이 탄생했으나 상황이 나아지지 않았다. 식량

부족, 노동 동원이 일상화되어 국민 생활이 극도로 곤궁해졌다. 1945년 4월 미군은 오키나와에 상륙했다. 이제 일본의 패배는 분명해졌다.

고이소 수상을 대신한 스즈키 간타로鈴木貫太郎 수상은 국민에게는 철저한 항전을 호소하면서 한편으로는 소련 중개로 비밀리에 미국과 강화를 모색했다. 그러나 미국은 6월 격전 끝에 오키나와를 함락하고 8월에는 히로시마(6일)와 나가사키(9일)에 원자폭탄을 투하했으며 소련도 일본에 전쟁을 선언했다. 8월 14일 일본정부는 연합군이 발표한 포츠담선언을 수락하고 무조건 항복했다.

총사령부의 교묘한
일본 통치법

1945년~1951년: 패전 후 일본

**총사령부가
통치하다!**

　　　　　태평양전쟁이 끝난 후 미국이 중심이 되어 일본을 통치했다. 패전 직후 태평양 미군 총사령관 맥아더 원수는 연합국 군 최고사령관으로 임명되어 일본에 부임했으며 연합국 군 최고사령관 총사령부, 즉 총사령부가 도쿄에 설치되었다. 총사령부는 관리 기구 내 행정기관의 성격을 부여받았지만 실질적으로는 일본의 통치기관이었다.

아무 구실도 하지 못한
극동위원회와 대일이사회

영국과 소련은 미국이 총사령부를 통해 일본을 단독 점령한 현실에 불만을 품고 점령 참가를 요구했다. 그리하여 1945년 12월 극동위원회가 설치되었다. 위원회는 미국, 영국, 프랑스, 중국, 소련, 캐나다, 오스트레일리아 등 11개국으로 이루어진 입법기관으로, 워싱턴에 본부를 두었다. 위원회는 점령의 기본 방침과 정책을 결정해 총사령부에 지시했고, 반대로 총사령부가 추진한 시책을 재검토하는 권한을 지녔다. 그러나 극동위원회의 지시는 반드시 미국 정부를 통해야 한다는 규칙이 있었고, 미국 정부는 거부권을 행사할 수 있어 사실상 극동위원회의 역할은 미미했다.

극동위원회와 동시에 설치된 것이 대일이사회다. 미국, 중국, 소련, 영국 4개국으로 구성된 총사령부의 자문기관으로 총사령부에게 조언하는 권한을 지녔다. 그러나 맥아더는 대일이사회가 조언을 이유로 정책에 개입하는 것을 싫어해 자문을 잘 청하지 않았다.

관리 기구의 중심 기관인 총사령부는 독일처럼 군정을 하는 직접 통치를 피하고 일본 정부에 지령과 권고를 전하는 간접 통치 방식을 선택했다. 간접 통치로 미국에 대한 일본인의 반감을 완화하면서 미국은 전후 일본을 소련과 멀어지게 하고 교묘히 미국 진영으로 편입시키는 데 성공했다.

일본 재건의
2대 방침은?

1945년~현대: 민주주의로 가는 길

**1년 만에
비군사화되었다!**

　　　　　　미국은 일본을 재건하기 위해 비군사화
와 민주화라는 2대 방침을 세웠다. 미국은 점령 후 즉각 일본 군대
를 해산하고 군수산업을 중지시켰다. 극동국제군사재판을 열어 전
쟁 책임자를 엄중히 처벌하고 전쟁 협력자를 공직에서 추방했다. 동
시에 군국주의 교육도 중단했다.

　정치범을 모두 석방하고 사상경찰과 특별고등경찰을 폐지했다.
천황제 비판의 자유를 인정하고 1946년 1월 천황의 인간 선언을 통해 천황 신격화를 부정했다. 1946년 11월 3일에는 총사령부의 강력한 지시에 따라 전쟁 포기를 규정한 제9조를 포함한 신헌법이 공포되어 일본 비군사화는 1년 만에 완성되었다.

| 변하는
일본의 경제구조

일본의 민주화 정책은 주로 경제·교육· 정치 세 분야를 중심으로 해서 추진되었다. 특히 경제민주화로 재벌 해체, 농지개혁, 노동 개혁이 이루어졌다. 군국주의의 온상이 되었던 일본 경제의 재벌 독점 체제를 해체하고 경제력 집중을 없앤다는 취지로 독점금지법을 제정했다. 그러나 미·소 냉전이 시작되면서 일본의 경제 재건이 급해지자 제한이 완화되었다. 재벌 중심이었던 은행에는 제대로 손을 대지 못해 경제개혁은 불완전한 형태로 끝났다.

기생지주제도 군국주의의 온상으로 간주되어 2단계에 걸쳐 농지개혁이 추진되었다. 소작인에게 부재지주의 토지를 준 결과 자작농이 다수 생겼다. 노동조합 결성도 장려되었다. 조합 활동은 전시체제인 1940년 이래 단절되었는데 점령 당국의 장려를 받으며 조합이 속속 탄생해 1948년에는 조직률이 50퍼센트를 넘어섰다. 동시에 노동자 권리를 보장하는 노동 3법(노동기준법, 노동조합법, 노동관계조정법)을 공포해 노동 개혁을 종료했다.

몇 번이고 부활한
일본 경제

1853년~현대: 일본의 경제성장

제1차 세계대전에 따른
호경기

페리가 내항한 1853년 당시 일본은 순수한 농업국이었다. 그런데 100년 만에 경제 대국으로 기적적인 경제성장을 이루었다. 메이지 정부는 산업 육성을 적극적으로 추진했다. 동시에 1897년 금본위제도를 확립해 '엔'의 국제적 신용도를 높였다. 경공업 분야에서 산업혁명이 일어났고 러일전쟁 후에는 중공업 분야에서 산업혁명이 일어났다.

제1차 세계대전의 영향으로 유럽과 아시아 시장의 수요가 급증했다. 이 대전 경기로 공업 생산이 눈부시게 발전했으며, 특히 철강, 조선, 섬유 분야가 두드러지게 신장했다.

공황 후 외환 정책으로
경기를 부양하다

일본 경제는 1920년 전후공황, 1927년 금융공황, 1930년 쇼와 공황 등 계속된 공황으로 타격을 받았다. 이누카이 쓰요시 내각은 불황을 타개하기 위해 1931년 관리통화제도로 이행했다. 엔의 평가절하로 수출이 증가해 상황이 호전되었다. 그러나 이 호경기는 오래가지 않았다. 군국주의의 길을 택한 일본은 만주사변, 중일전쟁, 태평양전쟁에 돌입했고 종전 후 경제는 처참하게 파괴되었다.

전후 일본 경제는 미국 주도로 재건되었다. 경사 생산방식(한정된 자원을 기축산업에 집중적으로 배정해 경제 발전을 꾀함), 경제 안정 9원칙, 도지 라인dodge line 등 다양한 정책이 시행되었다. 1950년 한국전쟁의 발발로 일본은 4년간 특수 경기라 불리는 호황을 누렸으며, 1970년대 초까지 고도 경제성장을 계속해 마침내 세계 1, 2위를 다투는 경제 대국으로 발전했다.

하룻밤에 읽는
일본사

1판 1쇄 발행 2000년 3월 28일
2판 1쇄 발행 2014년 8월 29일
3판 1쇄 발행 2020년 6월 15일
3판 4쇄 발행 2024년 6월 1일

지은이 가와이 아쓰시
옮긴이 원지연

발행인 양원석
영업마케팅 양정길, 윤송, 김지현
펴낸 곳 ㈜알에이치코리아
주소 서울시 금천구 가산디지털2로 53, 20층 (가산동, 한라시그마밸리)
편집문의 02-6443-8826   **도서문의** 02-6443-8800
홈페이지 http://rhk.co.kr
등록 2004년 1월 15일 제2-3726호

ISBN 978-89-255-3695-8 (03910)